Joachim Mayer

Balkon & Kübelpflanzen
von A bis Z

➤ Beliebte Pflanzen für üppige Balkonträume
➤ Die schönsten Ideen für jede Jahreszeit

Inhalt

Pflanzen auswählen

IM ANGEBOT: GEWALTIGE VIELFALT

Balkonpflanzen	6
Kübelpflanzen und Topfgehölze	8
Obst, Gemüse, Kräuter	9

DIE RICHTIGE WAHL

Licht und Sonne	10
Regen und Wind	12
Weitere Auswahlkriterien	12
Wo kaufen?	14
Wann kaufen?	14
Der Pflanzen-Check	15
Pflanzen selbst anziehen?	16
Geeignete Pflanzgefäße	17
Erden und Substrate	19

FACHBEGRIFFE VON A BIS Z 20

Die Pflanzen im Porträt

Erläuterung der Porträts	26
Balkonpflanzen	28
Kübelpflanzen	124
Schmackhaftes	204

Mit Pflanzen gestalten

Gestaltung macht Laune	234
Frühjahrsbepflanzung	240
Sonnige Sommerpracht	242
Der Sommer im Halbschatten	244
Pflanzenfreuden im Schatten	246
Spätjahrsvergnügen	248

Anhang

Pflanzenregister	250
Adressen, Impressum	256

Pflanzen auswählen

Das Angebot an schönen Balkon- und Kübelpflanzen ist überaus vielfältig. Nehmen Sie sich etwas Muße für eine überlegte, sorgfältige Auswahl – das bietet die beste Gewähr für anhaltende Freude an der Pflanzenpracht.

Pflanzen auswählen

Im Angebot: gewaltige Vielfalt

Der umfangreiche Porträtteil dieses Buchs stellt Ihnen gut 200 Pflanzen mit Kurzbeschreibungen und Pflegetipps vor – eine Fülle an Arten, unter denen Sie bestimmt Schönes und Passendes für Ihren Balkon oder Ihre Terrasse finden. Doch keine noch so große Auswahl kann tatsächlich alles berücksichtigen, was sich in Pflanzgefäßen halten lässt. Denn immer wieder ergänzen neu eingeführte „Exoten" das Sortiment, ebenso robuste Gartenpflanzen in kompakten, topftauglichen Formen.

Auf dieser und den folgenden Seiten können Sie sich einen Überblick verschaffen, welche Pflanzengruppen grundsätzlich für Ihr „grünes Wohnzimmer" in Frage kommen.

Balkonpflanzen

Hierunter kann man alle Pflanzen zusammenfassen, die Balkonkästen, Schalen, Töpfe und Ampeln zieren und sich meist auch mit anderen Arten im selben Gefäß kombinieren lassen. Je nach Botanik, Verwendung und Wuchseigenschaften unterscheidet man:

➤ **Einjährige Blumen** – die weitaus größte Gruppe, darunter etwa Petunie, Mittagsblume oder Elfenspiegel. Sie werden im zeitigen Frühjahr vorgezogen, meist ab Mitte Mai gepflanzt und liefern ab Frühsommer beständig Blüten-Nachschub bis zum Herbst. Danach sterben sie ab und müssen im nächsten Jahr neu gesät bzw. gepflanzt werden. Viele wachsen in ihrer wärmeren Heimat zwar ausdauernd, als Stauden oder gar als

Zwiebelblumen wie Narzissen sorgen für Frühjahrs-Blütenpracht.

EXTRATIPP

Besondere Pflanzenwünsche
Gärtnereien und Gartencenter haben oft schon ein recht breites Angebot, können aber längst nicht alles bereithalten. Wenn Sie an ganz bestimmten Pflanzen interessiert sind, lohnt es sich, ab März/April Gartenzeitschriften genauer zu studieren. Dort finden Sie aktuelle Bezugsquellen, auch für Ausgefallenes. Viele Pflanzenversender und Spezialgärtnereien präsentieren ihr Angebot auch im Internet.

Sträucher, doch eine Überwinterung lohnt sich bei uns nur selten.

➤ **Einjährige Kletterpflanzen:** Unter den Einjährigen finden sich auch Arten mit langen, rankenden oder schlingenden Trieben, z. B. die Glockenrebe. Die meisten lassen sich als schnellwüchsiger Sichtschutz einsetzen.

➤ **Zweijährige Sommerblumen:** Sie werden im Sommer gesät, wachsen bis zum Herbst heran und blühen erst im darauf folgenden Frühling. Solche Arten, z. B. Tausendschön und Vergissmeinnicht, passen gut zu Frühjahrszwiebelblumen.

➤ **Zwiebel- und Knollenblumen:** Pflanzen, die aus Zwiebeln oder Knollen trei-

Kübelpflanzen bringen exotisches Flair auf Balkon und Terrasse.

➤ **Zwerggehölze:** Junge Zwergkoniferen und kleine immergrüne Laubgehölze mit Fruchtschmuck übernehmen im Herbst und Winter den Part der Balkonblumen. Kultiviert man sie mehrjährig, muss man die größer werdenden Exemplare mit der Zeit einzeln pflanzen und wie Topfgehölze behandeln.

Kübelpflanzen und Topfgehölze

Diese in großen Töpfen und Kübeln kultivierten, oft langlebigen Pflanzen begleiten einen über viele Jahre und sollten deshalb besonders sorgfältig ausgewählt werden.

➤ **Kübelpflanzen** sind meist Gehölze aus wärmeren Ländern: Sie können bei uns erst ab Mitte Mai draußen stehen und müssen im Herbst vor Frostbeginn an einen geschützten Winterplatz gebracht werden.

➤ **Topfgehölze** sind Sträucher, Bäume, verholzende Kletterpflanzen oder Halbsträucher, die anders als exotische Kübelpflanzen bei uns auch im Garten wachsen. Da sie mehr oder weniger frosthart sind, können sie oft draußen überwintert werden.

ben, haben vor allem Bedeutung als Frühjahrsblüher, so etwa Tulpen und Narzissen. Man kann die Zwiebeln schon im Herbst in Gefäße stecken, doch das Einsetzen gekaufter Pflanzen im zeitigen Frühjahr ist einfacher. In Gefäßen kultiviert man die eigentlich ausdauernden Zwiebel- und Knollenblumen meist nur bis nach der Blüte und ersetzt sie dann im nächsten Jahr durch neue.

➤ **Stauden** sind ausdauernde, nicht verholzende Pflanzen und können oft auch in Gefäßen mehrjährig gezogen werden. Sie bereichern das Sortiment besonders mit schattenverträglichen Arten, z. B. Astilben, und Früh- und Spätjahrsblühern.

GEWALTIGE VIELFALT

> Für Kräuter und Buschtomaten findet sich fast überall ein Plätzchen.

Obst, Gemüse, Kräuter

Frisches und Schmackhaftes direkt aus dem Balkonkasten oder Kübel – das ist eine feine Sache. Bedenken Sie aber, dass fast alle Nutzpflanzen viel Sonne und sehr regelmäßige Pflege brauchen, damit es auch etwas zu ernten gibt.

➤ **Obst:** Hier reicht die Palette von Erdbeeren über Apfelbäumchen bis hin zur Kiwi im Kübel. Von den meisten Obstarten stehen auch kleinwüchsige Formen für die Topfkultur zur Verfügung. Trotzdem benötigen Obstgehölze mit der Zeit recht viel Platz.

➤ **Gemüse:** Balkontomaten führen hier die Charts an, doch von Radieschen bis Zucchini geht in Pflanzgefäßen so allerhand.

➤ **Kräuter:** Sie bieten ausreichende Erntemengen bei geringem Platzbedarf, dazu oft aromatische Düfte und eignen sich für Balkon und Terrasse besonders gut.

Pflanzen auswählen

Die richtige Wahl

Natürlich sind bei der Auswahl zunächst einmal Ihre Vorlieben für bestimmte Pflanzen, Farben usw. am wichtigsten. Denken Sie dabei gleich auch ein wenig an die Gestaltung und Gesamtwirkung (→ ab Seite 232). Damit die Pflanzen auf Dauer wirklich Freude bereiten, müssen ihnen aber auch die Standortbedingungen auf Ihrem Balkon oder Ihrer Terrasse zusagen. Beachten Sie deshalb beim

> **Hortensien, Funkien und Buchs vertragen recht viel Schatten.**

Auswählen die unterschiedlichen Lichtansprüche und die besondere Empfindlichkeit mancher Arten gegen Wettereinflüsse wie Wind und Regen.

Licht und Sonne

Alle Pflanzen brauchen zum Gedeihen Licht und Wärme, doch die Ansprüche können je nach Herkunft und Naturstandort recht verschieden sein. Nach ihrem Licht-

DIE RICHTIGE WAHL

„Südländer" wie der Oleander lieben meist sonnige Standorte.

bedarf unterteilt man die Pflanzen in drei Kategorien, die oft durch Symbole gekennzeichnet sind (→ Seite 26/27 und Umschlaginnenseite):

➤ Pflanzen für sonnige, helle Standorte – wobei vielen eine Beschattung um die Mittagszeit besser bekommt als ganztägig pralle Sonne.

➤ Pflanzen für halbschattige Standorte, d. h. für Plätze, die etwa die Hälfte des Tages keine Sonne abbekommen oder über viele Stunden leicht beschattet sind.

➤ Pflanzen für schattige Standorte, an denen höchstens für wenige Stunden direktes Sonnenlicht einfällt.

Wie viel Sonnenlicht Ihr Balkon oder Ihre Terrasse genießt, bestimmt zunächst einmal die Lage zur Himmelsrichtung. Denn die direkte Sonneneinstrahlung nimmt ja grundsätzlich von Süd über West und Ost nach Nord ab. Aber Nachbargebäude, Überdachungen u. Ä. können die Lichtverhältnisse stark beeinflussen. Allgemeine Empfehlungen wie „für Südbalkon", „für Westbalkon" usw. sind deshalb etwas fraglich. Nur

EXTRATIPP

Etwas Schatten wird oft toleriert
Bei den Pflanzenporträts können Sie sehen, dass viele Arten sowohl Sonne als auch Halbschatten vertragen. Doch auch reine Sonnenpflanzen gedeihen oft noch an leicht beschatteten Stellen, blühen dann aber meist spärlicher. Dasselbe gilt für Halbschattenpflanzen im Schatten. Da es den Pflanzen weniger um die Sonne als um das Licht geht, das sie für den Stoffaufbau (Photosynthese) brauchen, gedeihen Halbschattenverträgliche auch auf hellen Nordbalkonen recht gut.

Sonnenhungrige Blumen wie Gazanien sind oft regenempfindlich.

Moderne Zauberglöckchen-Sorten trotzen Wind und Wetter.

Sie selbst können durch eigene Beobachtung entscheiden, wie die Lichtverhältnisse in Ihrem „grünen Wohnzimmer" einzustufen sind.

Regen und Wind

Das Nass von oben spart zwar das Gießen, doch Dauerregen beeinträchtigt bei vielen Arten die Blüte und kann außerdem das Substrat übermäßig vernässen. Völlig ungeschützte Plätze, besonders in Westrichtung, sind deshalb für regen- und nässeempfindliche Arten etwas kritisch. Bevorzugen Sie im Zweifelsfall wetterfeste Arten wie moderne Hängepetunien, ungefüllte Pelargonien, Goldtaler und Studentenblume. Wind kann die Pflanzen schwer strapazieren und zerzausen. Besonders bei ungeschützter Westlage sowie auf Hochhaus- und Dachbalkonen empfehlen sich unempfindliche Pflanzen wie Pelargonie, Eisbegonie, Kapaster oder Zweizahn.

Weitere Auswahlkriterien

➤ **Platzbedarf:** Berücksichtigen Sie stets die spätere Größe der Pflanzen – gerade auch bei Kübelpflanzen und Topfgehölzen, die mit den Jahren oft groß und ausladend werden. Zu eng nebeneinander gestellte oder gepflanzte Gewächse behindern sich bald gegenseitig, im Wuchs wie in der optischen Wirkung. Außerdem schränkt es Komfort und Beweglichkeit ein, wenn die Fläche fast völlig mit Pflanzen zugestellt wird.

➤ **Überwinterungsplätze:** Die meisten Kübelpflanzen und empfindliche Topfgehölze brauchen ein frostfreies, aber kühles, helles Winterquartier (→ Porträts ab Seite 124), woran Sie schon vor dem Kauf denken sollten.

DIE RICHTIGE WAHL

> **Für Wärme liebende Kübelpflanzen ist ein Wintergarten ideal.**

➤ **Tragfähigkeit des Balkons:** Große Pflanzen in schweren Kübeln mit feuchter Erde bringen schon allerhand auf die Waage. Dazu kommen eventuell massive Möbel und schwere Bodenbeläge, die die Balkonkonstruktion belasten. Achten Sie darauf, dass Sie unterhalb der Höchstgrenze von 250 kg pro m² bleiben; lassen Sie sich im Zweifelsfall durch einen Bauingenieur beraten.

➤ **Giftige Pflanzen:** Manche der im Porträtteil als giftig gekennzeichneten Pflanzen können allergische Hautreaktionen auslösen. Bei entsprechender Empfindlichkeit verzichtet man besser auf solche Arten, sollte zumindest aber beim Umgang mit ihnen Handschuhe tragen. Wo kleine Kinder im Haus sind, lassen Sie giftige Pflanzen am besten ganz weg, ebenso Gewächse mit Stacheln oder Dornen.

Pflanzen auswählen

Wo kaufen?

Die beste Adresse ist sicherlich der gärtnerische Fachhandel, also Gärtnereien, gut geführte Gartencenter oder Blumenläden. Sie bieten in der Regel Gewähr für optimale Pflege von der Anzucht bis zum Verkauf und für sachkundige Beratung. Ein besonders breites, z. T. spezielles Angebot finden Sie oft im gärtnerischen Versandhandel (→ auch Extratipp Seite 7). Hier können Sie die Pflanzware freilich erst nach der Lieferung begutachten; die Erfahrungen sind aber im Allgemeinen gut.

Grundsätzlich spricht nichts dagegen, Jungpflanzen auch mal im Super- oder Baumarkt einzukaufen, wo zu jeder Balkonsaison recht preiswerte, oft durchaus akzeptable Pflanzware angeboten wird. Betrachten Sie hier aber die Pflanzen vor dem Kauf besonders genau.

Wann kaufen?

Der **Balkonpflanzen**-Kauf ist Saisonsache, wobei freilich die sommerliche Pracht ab Mai im Mittelpunkt steht. Die Hauptangebotszeiten liegen für die Frühjahrsbepflanzung im Februar/März, für die Sommerbepflanzung im April/Mai, für die Herbst- und Winterbepflanzung im September/Oktober.

Zu Beginn dieser jeweiligen Verkaufszeiten finden Sie in der Regel die größte Auswahl. Manche Gärtnereien und Gartencenter bieten schon besonders zeitig blühende Exemplare an, was natürlich die Kauflust weckt. Doch solche Pflanzen werden häufig mit viel Aufwand im beheizten Gewächshaus vorgezogen. Auf Balkon und Terrasse enttäuschen sie dann öfter, weil sie wenig robust sind oder die früh einsetzende Blütenpracht schließlich auch vorzeitig zu Ende geht.

Die Wärme liebenden **Kübelpflanzen** kommen erst Mitte oder gar Ende Mai nach draußen. Dies ist auch ein guter Kaufzeitpunkt;

> **Prüfen Sie Pflanzensendungen gleich nach der Ankunft gründlich.**

WO UND WANN KAUFEN?

> Bei liebevoller Pflanzenpräsentation wird der Einkauf zum Vergnügen.

dann können sich die neuen Schönheiten bis zum Herbst auf Ihrem Balkon oder Ihrer Terrasse eingewöhnen. In Containern angezogene **Topfgehölze und -stauden** können Sie meist schon ab März/April in die Endgefäße setzen und ins Freie stellen; das ist aber auch noch im Laufe des Sommers möglich.

Der Pflanzen-Check

Je gesünder und wüchsiger die Pflanzen beim Kauf erscheinen, desto größer ist die Wahrscheinlichkeit, dass man lange Freude an ihnen haben wird. Begutachten Sie deshalb die Pflanzen gründ-

EXTRATIPP

Vorsicht bei früher Pflanzung
Wenn Sie Sommerblumen bereits im April kaufen und nach draußen stellen, können kühle Temperaturen oder gar Spätfröste selbst noch im Mai Schaden anrichten. Deshalb hat sich der klassische Pflanztermin ab Mitte Mai (nach den „Eisheiligen") bewährt. Vorzeitig bepflanzte Kästen bringen Sie bei Kälteeinbrüchen am besten drinnen an einem hellen, kühlen Platz unter. Notfalls können Sie die Pflanzen auch mit Folie oder Vlies aus dem Gartenfachhandel abdecken.

Pflanzen auswählen

lich. Wichtige Checkpunkte sind dabei:
➤ kompakter, gut verzweigter Wuchs
➤ gesunde, gut ausgefärbte Blätter, ohne Anzeichen von Krankheits- oder Schädlingsbefall (auch Blattunterseiten prüfen)
➤ reicher Knospenbesatz bei Balkonblumen und blühenden Kübelpflanzen
➤ gut durchwurzelter Topfballen, mit hellen, saftigen Wurzeln ohne Faulstellen.

Pflanzen selbst anziehen?

Die große Geldersparnis bringt es nicht gerade, wenn man Balkonblumen aus Samen selbst vorzieht, denn die käuflichen Pflanzen sind meist recht preiswert. Doch es kann viel Spaß machen, die Pflänzchen selbst heranzuziehen und ihnen beim Wachsen zuzusehen. Außer-

Mehrere Gefäße aus dem selben Material wirken sehr harmonisch.

PFLANZGEFÄSSE

Jungpflanzen härtet man am besten an einem geschützten Platz ab.

dem kommt man oft nur durch eigene Anzucht zu bestimmten Arten oder Sorten, die kaum als Jungpflanzen erhältlich sind.

Für die Pflanzenanzucht, die ab dem zeitigen Frühjahr beginnt, brauchen Sie einen warmen, hellen Platz. Meist bietet sich hierfür eine Fensterbank an — möglichst aber nicht an einem Südfenster mit direkt einfallender praller Sonne, denn das vertragen die Sämlinge und Jungpflanzen sehr schlecht.

Sehr praktisch sind flache Anzuchtschalen bzw. -kisten mit passender transparenter Abdeckhaube. Diese sorgt nicht nur für Wärme, sondern auch für die nötige Luftfeuchtigkeit. Verwenden Sie stets nur spezielle Anzuchtsubstrate und vorzugsweise Qualitätssaatgut.

Geeignete Pflanzgefäße

„Komplett" wird der Pflanzenkauf für Balkon und Terrasse erst zusammen mit pflanzentauglichen Gefäßen und guter Erde – beides unbedingte Voraussetzungen für gesundes Wachstum. Dekorative Kübel, Töpfe, Schalen und andere Behältnisse können die Pflanzen auf besondere Weise unterstreichen oder werden gar zum eigenständigen Gestaltungselement.

Doch in jedem Fall sollten Sie beim Auswählen der Gefäße auch folgende Punkte berücksichtigen:

➤ **Abzugslöcher** an der Gefäßunterseite, durch die überschüssiges Wasser ablaufen kann, sind ein Muss, sofern nicht gerade Sumpfpflanzen im Topf wachsen sollen. Die Löcher beugen Staunässe und Wurzelfäulnis vor. Manche Gefäße haben an der Unterseite entsprechende Vorstanzungen, die man erst durchstoßen muss. Nur manche Hängeampeln werden ganz ohne Überlauföffnungen angeboten, weil herabtrop-

Pflanzen auswählen

fendes Wasser unerwünscht ist. Hier müssen Sie dann aber mit besonders viel Fingerspitzengefühl gießen.

➤ **Gefäßgröße:** Sie sollte der Pflanzengröße und Wuchsform angepasst sein und nicht zu klein gewählt werden. Die Gefäße müssen genug Platz für die Wurzelballen bieten sowie rundum jeweils noch einige Zentimeter für das Einfüllen frischer Erde. Geeignete Balkonkästen sind wenigstens 15 cm hoch und 18 cm tief bzw. breit, für eine mehrreihige Bepflanzung besser 20–25 cm. Pflanzschalen sollten in der Mitte wenigstens 15 cm, besser 20 cm hoch sein, damit den Wurzeln genug Erde zur Verfügung steht.

➤ **Gewicht:** Schwere Gefäße sind standfester, aber eben auch schwer zu transportie-

> **EXTRATIPP**
>
> **Wasserspeichergefäße**
> Fast alle Gefäßtypen sind als Modelle mit Wasserspeicher erhältlich – eine praktische Sache, da solche Gefäße im Sommer häufiges Gießen ersparen. Die Gefäße sollten unbedingt mit Wasserstandsanzeiger und Überlaufvorrichtung ausgestattet sein. Beachten Sie, dass die Behältnisse bei gefülltem Wasserspeicher recht schwer sind.

ren, etwa beim Einräumen von Kübelpflanzen ins Winterquartier. Außerdem muss bei der Wahl schwerer Behältnisse die Belastbarkeit von Balkongeländer und -boden berücksichtigt werden (→ Seite 13). Am schwersten sind Gefäße aus Ton und Terrakotta sowie aus Natur- oder Kunststein, der aber meist nur bei fest stehenden Trögen Verwendung findet.

➤ **Wetterbeständigkeit:** Mehrausgaben für stabile, witterungsbeständige Gefäße machen sich meist durch die längere Haltbarkeit be-

Achten Sie bei Blumenampeln auf eine stabile Aufhängung.

ERDEN UND SUBSTRATE

> **Die eigene Anzucht kann zur „grünen Leidenschaft" werden.**

zahlt. Gefäße, die draußen zu überwinternde Pflanzen beherbergen, müssen frostfest sein.

Geeignete Erden und Substrate

Ein paar Euro mehr für eine hochwertige Pflanzenerde – auch Substrat genannt – sind eine gute Investition. Sie behält lange ihre günstige, durchlässige Struktur, speichert Nährstoffe und Wasser optimal und gibt beides dosiert wieder ab; zudem vernässt sie nicht so schnell wie Billigerde. Besonders wichtig sind hochwertige Substrate für Kübelpflanzen und andere Mehrjährige, die in der Regel nur alle 2 bis 3 Jahre umgetopft werden. Hierfür eignen sich spezielle Kübelpflanzen- oder Einheitserden. Mittlerweile gibt es verschiedene torffreie Substrate. Sie haben sich bei Balkon- wie Kübelpflanzen in der Praxis gut bewährt. Mit ihrer Verwendung können Sie einen Beitrag zum Erhalt bedrohter Moorlandschaften leisten. Spezialsubstrate sind empfehlenswert für Petunien (besonders für starkwüchsige Hängepetunien und Zauberglöckchen), Zitrusgewächse sowie für alle besonders kalkempfindlichen Pflanzen. Letztere topft man in Rhododendron- bzw. Azaleensubstrat, sofern für sie im Fachhandel keine eigens ausgewiesenen Substrate angeboten werden.

Pflanzen auswählen

Fachbegriffe von A bis Z

➤ Ampel
Pflanzgefäß zum Aufhängen an der Decke oder Wand, v. a. für Hängepflanzen.

➤ Art
In der Botanik die „Pflanze als solche": Feuersalbei *(Salvia splendens)* und Echter Salbei *(Salvia officinalis)* beispielsweise sind zwei verschiedene Arten der → Gattung Salbei *(Salvia)*.

➤ ausputzen
Entfernen welker Blüten und Blätter.

➤ Ballen
Die Erde rund um die Wurzeln, die durch Seiten- und Feinwurzeln zusammengehalten wird.

➤ botanischer Name
Der wissenschaftliche Pflanzenname setzt sich aus dem groß geschriebenen Gattungsnamen (z. B. *Bidens*) und dem klein geschriebenen Artnamen (z. B. *ferulifolia*) zusammen (→ auch Art, → Gattung). Der botanische Name *Bidens ferulifolia* beispielsweise benennt international verständlich und zweifelsfrei eine gelb blühende Pflanze, für die es im Deutschen viele verschiedene Namen wie Zweizahn, Goldmarie, Samsara oder Goldfieber gibt.

➤ Containerpflanze
Jungpflanze, die in der Gärtnerei in Plastiktöpfen oder -hüllen angezogen werden. Solche Pflanzen lassen sich fast das ganze Jahr über (auch blühend) einpflanzen.

➤ Dränage
Auf dem Topf- bzw. Kastenboden, zumindest aber über den Abzugslöchern aufgebrachtes grobkörniges Material, das den Wasserabfluss verbessert. Gut eignen sich z. B. Blähton (Hydrokulturbedarf), Tonscherben oder Kies.

➤ Düngen
Nährstoffversorgung; regelmäßig erst ab etwa 4 Wochen nach dem Einpflanzen nötig. Nur speziellen Balkon- oder Kübelpflanzendünger verwenden und Dosierungsempfehlungen des Herstellers nie überschreiten. Für manche Pflanzen sind Spezialdünger empfehlenswert, z. B. Rhododendrondünger für kalkempfindliche Arten. Unterbrechen Sie bei allen Kübelpflanzen und anderen Überwinterungskandidaten das Düngen ab Anfang August bis zum Austriebsbeginn im Frühjahr.

➤ einfach blühend
Blüten mit nur einem Kreis von Blütenblättern, der die Staubblätter und Stempel umhüllt.

FACHBEGRIFFE VON A BIS Z

➤ entspitzen
Bei Jungpflanzen das Abschneiden oder Abkneifen der Triebspitzen bzw. Spitzenknospen, um bessere Verzweigung und kompakten Wuchs zu fördern; teils auch bei älteren Pflanzen möglich.

➤ Familie
In der botanischen Gliederung des Pflanzenreichs eine Gruppe von → Gattungen mit mehreren gemeinsamen Merkmalen.

➤ Flor
Blüte, Gesamtheit der Blüten.

➤ Gattung
In der botanischen Gliederung des Pflanzenreichs eine Gruppe von → Arten mit einer Reihe von gemeinsamen Merkmalen.

➤ gefüllt blühend
Blüten mit mehreren Blütenblattkreisen. Je nach deren Anzahl wirken die Blüten halb oder ganz gefüllt und dadurch besonders üppig.

➤ Geranien
Verbreitete Bezeichnung für Pelargonien, die streng genommen falsch ist. Die seit Jahrhunderten beliebten Pflanzen wurden anfangs als Storchschnabel-Art (Gattung *Geranium*) angesehen, doch schon seit 1789 zählen sie botanisch zur Gattung *Pelargonium*.

➤ Grundsteckling
→ Steckling, der von einem Triebteil nahe der Pflanzenbasis geschnitten wird.

➤ halbreifer Steckling
Leicht verholzter → Steckling, dessen Rinde aber noch nicht ganz hart ist.

➤ Halbstrauch
Mehrjährige Pflanze, bei der die unteren Sprossteile mit der Zeit verholzen, die oberen dagegen krautig bleiben, z. B. Pelargonie, Lavendel.

➤ Hanging Basket
Hängekorb aus Kunststoff- oder Drahtgeflecht, der ähnlich wie eine → Ampel an der Decke oder Wand befestigt wird. Die Gitterstruktur der Pflanzkörbe erlaubt eine reizvolle Bepflanzung auch an den Seiten. Eine Einlage (Kokosmatte, Moos, Folie o. Ä.) verhindert das Herausrieseln der Erde.

➤ Hybride
Kreuzung aus zwei oder mehr → Arten, die die Vorzüge ihrer unterschiedlichen Eltern in sich vereint und quasi eine eigene, beständige Art darstellt, z. B. die *Petunia*-Hybriden. Daneben gibt es auch Kreuzungen verschiedener → Sorten, z. B. die F_1-Hybriden bei einjährigen Blumen und Gemüse.

Pflanzen auswählen

➤ immergrün
Immergrüne Pflanzen behalten im Gegensatz zu den → sommergrünen ihre Blätter rund ums Jahr. Manche werfen jedoch bei ungünstigen Bedingungen (z. B. dunkle Überwinterung) das Laub über Winter ab.

➤ Keimtemperatur
Temperaturbereich, in dem die Samen optimal keimen.

➤ Kopfsteckling
→ Steckling, der von den Spitzen der Haupt- oder Seitentriebe geschnitten wird.

➤ Langzeitdünger
Dünger, der seine Nährstoffe nur allmählich freisetzt, in Abhängigkeit von Temperatur und Substratfeuchtigkeit. Er wird der Erde am besten schon vor dem Pflanzen untergemischt. Der Düngevorrat reicht bis zu 6 Monate.

➤ Lichtkeimer
Pflanzenart, bei der die Samen nur keimen, wenn sie gar nicht oder höchstens hauchdünn mit Erde überstreut werden.

➤ pH-Wert
Messwert für den Säuregrad von Boden oder Wasser, der z. B. mit Indikatorstäbchen (Drogerie, Fachhandel) ermittelt werden kann. Ein pH-Wert von 7 bedeutet neutral, Werte darunter geben saures Milieu an, bei Werten über 7 (bis 14) spricht man von basisch oder alkalisch. Hohe pH-Werte deuten auf hohen Kalkgehalt hin – deshalb gedeihen kalkempfindliche Pflanzen wie Rhododendren nur in saurem Substrat.

➤ pikieren
Verpflanzen zu eng stehender, schon größerer Sämlinge, entweder einzeln in kleine Töpfe oder mit 4–5 cm Abstand in neue Schalen bzw. Kisten; es ist ratsam, nur spezielle Vermehrungs- bzw. Pikiererde zu verwenden.

➤ Sämling
Noch sehr junge Pflanze in den ersten Wochen nach der Keimung aus einem Samen.

➤ saures Substrat
→ Substrat mit niedrigem → pH-Wert und Kalkgehalt

➤ Serie
Gruppe ähnlicher → Sorten mit gemeinsamem züchterischem Ursprung.

➤ Sommerblume
Kurzlebige Pflanze, → siehe auch Seite 6/7.

➤ sommergrün
Sommergrüne Pflanzen werfen im Gegensatz zu den → immergrünen ihre Blätter im Herbst ab.

FACHBEGRIFFE VON A BIS Z

➤ Sorte
Spezielle Züchtung einer → Art, z. B. mit bestimmter Blütenfarbe, -größe oder besonderer Wuchsform; meist mit einfachen Anführungszeichen gekennzeichnet, z. B. 'Ville de Paris', eine bewährte Pelargonien-Sorte.

➤ Staude
Ausdauernde, krautige Pflanze, siehe auch Seite 8.

➤ Staunässe
Zustand, bei dem die Erde im Pflanzgefäß ständig mit Wasser gesättigt oder gar übersättigt ist; sehr gefährlich, da die Wurzeln sowie Zwiebeln und Knollen bald faulen und absterben können.

➤ Steckling
Triebteil, der sich nach Abschneiden von der Mutterpflanze bewurzelt und zu einer neuen, kompletten Pflanze heranwächst. Man schneidet die Stecklinge 10–20 cm lang, mit 4–5 Blättern bzw. Blattpaaren und steckt sie nach Entfernen des unteren Blattpaars in spezielle Anzuchterde.

➤ stutzen
Anderer Ausdruck für → entspitzen.

➤ Substrat
Gärtnerische Erde; Mischung aus Torf, Ton, Humus oder Torfersatzstoffen.

➤ Sukkulente
Pflanze, die in dicken, fleischigen Blättern viel Wasser speichern kann. Beispiele: Agave, Dickblatt.

➤ Teilung
Einfache Vermehrungsmethode bei Stauden u. a.: Man zerteilt den Wurzelballen in zwei oder mehr Teilstücke mit mehreren Blättern bzw. Triebknospen und pflanzt sie neu ein.

➤ Triebsteckling
Auch Teil- oder Stammsteckling: → Steckling, der aus der Mitte eines Triebs geschnitten wird.

➤ Vorziehen
Aussaat im Warmen mit späterem Verpflanzen; auch Anziehen bzw. Anzucht genannt; siehe auch Seite 16/17.

➤ Winterschutz
Bei draußen überwinternden Topfgehölzen u. Ä. bei uns teilweise notwendig. Wichtig ist vor allem das Isolieren des Gefäßes, z. B. durch Unterlegen von Styroporplatten, Umhüllen mit Sackleinen o. Ä., bei stärkeren Frösten auch Abdecken der Substratoberfläche mit Laub, Fichtenzweigen, Pappe.

Die Pflanzen im Porträt

Unterteilt in „Balkonpflanzen", „Kübelpflanzen" sowie „Schmackhaftes" bieten Ihnen die folgenden Seiten Infos und Pflegetipps zu einer Fülle attraktiver und nützlicher Pflanzen.

Die Pflanzen im Porträt

Sich zurechtfinden

Die Pflanzen sind folgenden drei Unterkapiteln zugeordnet:

➤ **Balkonpflanzen;** diese umfassen ein- und zweijährige Sommerblumen, Zwiebel- und Knollenblumen, Topfstauden und einjährige Kletterpflanzen.

➤ **Kübelpflanzen,** einschließlich winterharte Topfgehölze und Zwerggehölze, die anfangs teils in gemischte Balkonkästen, später aber oft einzeln gepflanzt werden.

➤ **Schmackhaftes,** also Kräuter, Gemüse und Obst für die Kultur im Kasten oder Topf.

Innerhalb dieser drei Unterkapitel sind die Pflanzen alphabetisch nach ihren botanischen Namen angeordnet. Beim Suchen über die deutschen Namen hilft das Register im Anhang.

Die Pflanzenporträts

Die Kurzinfos neben den Fotos bieten Ihnen auf einen Blick wesentliche Angaben zu den Pflanzen, nämlich Wuchshöhe, Blütezeit (bei den Nutzpflanzen Erntezeit) sowie einen Hinweis zur Pflanzengruppe, der die jeweilige Art angehört. Ergänzt werden sie durch die Symbole (siehe nebenstehende Übersicht und vordere Innenklappe), die gleich das Wichtigste zu Standort- und Pflegeansprüchen sowie Verwendung verraten.

Die Porträttexte sind jeweils überschrieben mit dem botanischen Namen, der die Pflanze zweifelsfrei benennt, gefolgt vom geläufigsten deutschen Namen. In den einzelnen Rubriken, die je nach Pflanzengruppe etwas unterschiedlich ausfallen, finden Sie folgende Informationen:

Familie: Angabe des deutschen und botanischen Namens der jeweiligen Pflanzenfamilie.

Aussehen: Hier sind kurz die wichtigsten Merkmale beschrieben, also die Blüten mit ihren Hauptfarbtönen, die jeweiligen Wuchsformen und -eigenschaften, die Früchte, soweit sie von Interesse sind, bei Arten mit zierendem Laub auch die Blätter.

Standort: Nähere Angaben zum Lichtanspruch sowie zu eventueller Wind- und Regenempfindlichkeit.

Vorziehen: Zeitpunkt und Keimtemperaturen; nur bei ein- und zweijährigen Som-

merblumen, die sich leicht aus Samen anziehen lassen.
Pflanzen: Gibt bei den Balkonblumen Hinweise zum Termin des Einpflanzens bzw. Nach-draußen-Stellens und zu den erforderlichen Pflanzabständen.
Pflegen: Nennt die wichtigsten Pflegemaßnahmen, spezielle Bedürfnisse und Handgriffe und bietet bei allen überwinterungsfähigen Pflanzen Angaben zu den optimalen Bedingungen.
Vermehren: Gibt an, welche Vermehrungsmethoden möglich sind. Sofern hier „Stecklinge" genannt sind, verwendet man bevorzugt Kopfstecklinge, kann aber auch Triebstecklinge einsetzen (→ „Fachbegriffe von A bis Z" ab Seite 20).
Gestaltung: Hier finden Sie Tipps und Anregungen, um die jeweilige Pflanze besonders gut zur Geltung zu bringen.
Arten/Sorten: Hier werden verwandte Arten oder bewährte Sorten aufgeführt.

Nur bei Kräutern, Gemüse und Obst:
Kultur: Fasst das Wichtigste zu Aussaat und/oder zum Pflanzen zusammen.
Ernten: Angaben zu Reifezeitpunkt und Ernttechnik.

Die verwendeten Symbole

 Die Pflanze will es hell und weitgehend sonnig.

 Die Pflanze gedeiht am besten im Halbschatten.

 Die Pflanze gedeiht noch im Schatten.

 Die Pflanze viel gießen (im Sommer täglich).

 Die Pflanze mäßig gießen (etwa alle 2 bis 3 Tage, bei Hitze auch häufiger).

 Die Pflanze wenig gießen (Ballen nicht austrocknen lassen).

 Die Pflanze kann Ampeln und Hängekörbe zieren.

 Die Pflanze klimmt an Stützen, Gerüsten oder Wänden hoch.

 Die Pflanze enthält giftige oder hautreizende Stoffe.

Balkonpflanzen
von A bis Z

Blütenpracht vom zeitigen Frühjahr bis fast in den Winter hinein, farbenfrohe Balkonkästen, Blumenampeln mit üppig herabwallenden Trieben, opulente Blüher, zarte Schönheiten und zierendes Blattwerk – mit der gewaltigen Fülle und Vielfalt unterschiedlicher Balkonpflanzen lässt sich herrlich aus dem Vollen schöpfen.

BALKONPFLANZEN **A**

Höhe:
15–25 cm
Blütezeit:
Mai – Okt.

*einjährig
kultivierter
Halbstrauch*

Ageratum houstonianum
Leberbalsam

Familie: Korbblütler *(Asteraceae)*
Herkunft: Mittel- und Südamerika
Aussehen: Blüten in Blau, Violett, Pink, Rosa, Weiß, Doldentrauben mit rundlichen Blütenköpfchen; Wuchs breitbuschig, kompakt
Standort: am besten sonnig, gedeiht aber noch im Halbschatten; windfest; recht regenverträglich
Vorziehen: Januar – März; 18–20 °C Keimtemperatur; Sämlinge bald pikieren
Pflanzen: ab Mitte Mai mit 15–20 cm Abstand
Pflegen: gleichmäßig feucht halten, Staunässe vermeiden; alle 2 Wochen düngen; Verblühtes entfernen. Kann hell bei 10–15 °C überwintert werden, im Frühjahr dann Triebe um 1/3 einkürzen.
Vermehren: durch Kopfstecklinge, im zeitigen Frühjahr
Gestaltung: lässt sich vielfältig mit anderen Balkonblumen kombinieren; blaue und violette Sorten passen besonders gut zu gelben Blühern wie Studentenblume

Die Pflanzen im Porträt

Höhe: *40–75 cm*
Blütezeit: *Juli – Okt.*

einjährige Sommerblume

Amaranthus caudatus

Fuchsschwanz

Familie: Fuchsschwanzgewächse *(Amaranthaceae)*
Herkunft: Südamerika
Aussehen: rote, lang herabhängende Blütenähren; Wuchs aufrecht, buschig; große, länglich ovale Blätter
Standort: vollsonnig und warm
Vorziehen: März – April; 15–18 °C Keimtemperatur; ab Ende April auch Aussaat direkt ins Gefäß möglich
Pflanzen: ab Ende Mai mit 30–40 cm Abstand
Pflegen: gleichmäßig feucht halten; alle 2 Wochen schwach dosiert bzw. stickstoffarm düngen; verwelkte Blütenstände regelmäßig entfernen
Gestaltung: Die unter guten Bedingungen sehr wuchsfreudigen Pflanzen setzt man besser in große Töpfe als in Kästen; schöne Partner sind z. B. gelb blühende, wuchskräftige Arten wie Goldtaler und Zweizahn.
Arten/Sorten: Der verwandte *A. cruentus* wird nur 30–50 cm hoch und hat aufrecht stehende Blütenstände in Rot- oder Grüntönen.

BALKONPFLANZEN **A**

Höhe:
10–25 cm
Blütezeit:
Juni – Okt.

*einjährig
kultivierte
Staude*

Anagallis monelli

Gauchheil

Familie: Primelgewächse *(Primulaceae)*
Herkunft: Mittelmeerraum, Nordwestafrika
Aussehen: Blüten blau, rot, schalenförmig, bis 2 cm Durchmesser; wächst buschig, mit flach liegenden bis hängenden Trieben
Standort: sonnig oder halbschattig; warm, geschützt
Vorziehen: Februar – April; 20 °C Keimtemperatur; Jungpflanzen unbedingt entspitzen
Pflanzen: ab Mitte Mai mit 20–25 cm Abstand
Pflegen: mäßig feucht halten; alle 3 Wochen düngen; gelegentlich Verblühtes entfernen
Gestaltung: sehr schön als Ampelpflanze oder Hängepflanze in gemischten Kästen mit gelben, roten oder weißen Partnern wie Pantoffelblume und aufrechten Pelargonien; nicht mit allzu starkwüchsigen Arten kombinieren
Arten/Sorten: 'Skylover' hat enzianblaue, 'Sunrise' orangerote Blüten; beide Sorten wachsen mit bis 50 cm langen, hängenden Trieben.

Die Pflanzen im Porträt

Höhe:
15–30 cm
Blütezeit:
Juni – Okt.

*einjährig
kultivierte
Staude*

Anthirrinum majus
Löwenmäulchen

Familie: Braunwurzgewächse *(Scrophulariaceae)*
Herkunft: Südeuropa, Nordafrika
Aussehen: Blüten gelb, rot, orange, rosa, weiß, auch zweifarbig; je nach Sorte kräftig oder pastellig, klein- oder großblütig; Blüten öffnen sich bei leichtem Druck wie kleine „Mäulchen"; Wuchs buschig bis polsterartig; es gibt auch Hängesorten
Standort: bevorzugt sonnig, aber auch halbschattig
Vorziehen: ab Februar; Keimtemperatur 15–20 °C, bei Jungpflanzen Mitteltriebe stutzen
Pflanzen: ab Ende April/Anfang Mai, 20 cm Abstand
Pflegen: mäßig feucht halten; alle 2 Wochen schwach dosiert düngen
Gestaltung: verträglicher Pflanzpartner mit vielen Farbtönen, dadurch vielseitig kombinierbar; zu Löwenmäulchen-Farbmischungen passen blaue oder weiße Blumen besonders gut, z. B. Männertreu, Nierembergien, Margeriten, Kapaster oder weiße Pelargonien.

BALKONPFLANZEN **A**

Höhe:
15–35 cm
Blütezeit:
Sept. – Okt.

Staude

Aster-Dumosus-Hybriden
Kissenaster

Familie: Korbblütler *(Asteraceae)*
Herkunft: Nordamerika
Aussehen: zahlreiche Blüten in Weiß, Rosa, Rot, Violett oder Blau mit gelber Mitte; bildet kompakte Polster
Standort: sonnig, auch leicht beschattet
Pflanzen: im August/September mit 20–30 cm Abstand
Pflegen: mäßig feucht halten; im Frühjahr mit Langzeitdünger versorgen, wenn nötig, im Sommer nachdüngen;
kann frostfrei und hell oder draußen mit Winterschutz überwintert werden
Vermehren: durch Teilung im Frühjahr oder durch Stecklinge im Frühsommer
Gestaltung: attraktiver Partner für farblich abgestimmte Chrysanthemen, Fetthenne, Besenheide und andere Herbstblüher; besonders blaue und violette Sorten eignen sich gut, da diese Blütenfarben im Herbst sonst selten vorkommen; für die Kastenbepflanzung niedrig bleibende Sorten wie 'Schneekissen' (weiß) verwenden

Die Pflanzen im Porträt

Höhe:
25–30 cm
Blütezeit:
*April/Mai –
Okt.*

*einjährig
kultivierte
Staude*

Asteriscus maritimus

Goldtaler

Andere Namen: Goldmünze, Dukatenblume, Strandstern
Familie: Korbblütler *(Asteraceae)*
Herkunft: Mittelmeerraum, Kanarische Inseln
Aussehen: Blüten goldgelb, kleinen Sonnenblumen ähnlich; wächst breit und recht stark, leicht überhängend
Standort: möglichst sonnig, gedeiht auch an prallsonnigen Plätzen gut; ist regen- und wetterfest
Vorziehen: Samenanzucht schwierig, wird meist aus Stecklingen angezogen (siehe „Vermehren")
Pflanzen: ab Mitte Mai mit 20–25 cm Abstand
Pflegen: gleichmäßig feucht halten, Staunässe vermeiden; wöchentlich düngen; Verblühtes abschneiden; kann hell bei ca. 10 °C überwintert werden, im Frühjahr dann Triebe um 1/3 zurückschneiden
Vermehren: durch Kopfstecklinge ohne Blütenknospen; ab August bis März schneiden
Gestaltung: eignet sich gut für seitliche Kastenränder oder als Vorpflanzung in großen Schalen

BALKONPFLANZEN A

Höhe:
20–60 cm
Blütezeit:
Juni – Sept.

Staude

Astilbe-Arten
Astilbe

Anderer Name: Prachtspiere
Familie: Steinbrechgewächse *(Saxifragaceae)*
Herkunft: Japan, China, Tibet
Aussehen: Blüten rot, rosa, weiß, in kerzen- oder büschelartigen Rispen; wächst buschig, aufrecht
Standort: halbschattig bis schattig
Pflanzen: ab April; Zwergastilben im Kasten mit 20–25 cm Abstand, die größeren am besten in Töpfe
Pflegen: stets gut feucht halten; jährlich im Frühjahr mit etwas Langzeitdünger versorgen; Überwinterung draußen mit Winterschutz oder drinnen frostfrei, hell oder dunkel
Vermehren: Teilung oder Aussaat im zeitigen Frühjahr
Gestaltung: Zwergastilben lassen sich auch mit anderen Kleinstauden und Zwerggehölzen in Kästen kombinieren, höhere Sorten wirken besser einzeln.
Arten/Sorten: Für die Topfpflanzung bieten sich vor allem Zwergastilben (*A. chinensis* var. *pumila*) an; wenn Sie andere Arten verwenden, brauchen Sie mit der Zeit große Kübel.

Die Pflanzen im Porträt

Höhe:
15–30 cm
Blütezeit:
Mai – Okt.

*einjährig
kultivierte
Staude*

Begonia-Semperflorens-Gruppe

Eisbegonie

Familie: Schiefblattgewächse *(Begoniaceae)*
Herkunft: Brasilien
Aussehen: Blüten weiß, rosa, rot, auch zweifarbig, bis 5 cm Durchmesser; Wuchs aufrecht, kompakt; manche Sorten mit braunrotem, schwarzbraunem oder bronzefarbenem Laub
Standort: halbschattig bis sonnig, jedoch möglichst nicht an prall besonnten Plätzen; windverträglich
Vorziehen: schwierig, da Aussaat im Winter bei 22 °C und Zusatzbeleuchtung erforderlich
Pflanzen: ab Mitte Mai mit 15–25 cm Abstand
Pflegen: stets gut feucht halten, doch Staunässe vermeiden; alle 2–3 Wochen schwach dosiert düngen; Verblühtes regelmäßig entfernen
Gestaltung: Hübsch in Kästen und hohen Schalen. Gute Partner sind z. B. Petunien, Verbenen, Vanilleblume, kleine Fuchsien, Salbei und Buntnessel.
Arten/Sorten: Als besonders reichblütig und robust gilt *Begonia obliqua* 'Mariebel' mit weißen Blüten.

BALKONPFLANZEN   B

Höhe:
15–35 cm
Blütezeit:
Mai – Okt.

Knollen-
pflanze

*Begonia-Tuberhybrida-*Gruppe
Knollenbegonie

Familie: Schiefblattgewächse *(Begoniaceae)*
Herkunft: Südamerika
Aussehen: Blüten in Gelb-, Orange-, Rosa- und Rottönen, weiß, meist gefüllt; wächst breit aufrecht oder hängend (Hänge- oder Girlandenbegonien)
Standort: halbschattig bis schattig, manche Sorten (v. a. kleinblumige) auch sonnig; windgeschützt
Pflanzen: nach Mitte Mai mit 20–25 cm Abstand; zum Vortreiben Knollen im Februar/März eng an eng in Kisten mit Torf oder Pikiererde legen, hell bei 20 °C aufstellen und leicht feucht halten
Pflegen: gut feucht halten, jedoch Staunässe unbedingt vermeiden; alle 2 Wochen schwach dosiert düngen; Verblühtes entfernen; Überwinterung lohnt bei Gefäßkultur bzw. Topfsorten meist nicht
Vermehren: Teilung der Knollen kurz nach dem Austrieb
Gestaltung: Sehr attraktiv sind Kombinationen aus verschiedenfarbigen Sorten.

Die Pflanzen im Porträt

Höhe:
15–20 cm
Blütezeit:
März – Juni

zweijährige Sommerblume

Bellis perennis
Tausendschön

Andere Namen: Maßliebchen, Gänseblümchen
Familie: Korbblütler *(Asteraceae)*
Herkunft: Europa, Kleinasien
Aussehen: weiße, rosa oder rote Blüten, teils mit gelber Mitte; meist gefüllt; auch pompon- oder knopfartig; wächst mit kompakter Blattrosette, darüber blattlose Blütenstiele
Standort: sonnig bis halbschattig
Vorziehen: im Juni/Juli; Lichtkeimer; halbschattig aufstellen; in Einzeltöpfe pikieren
Pflanzen: im Herbst oder Frühjahr, 10–15 cm Abstand
Pflegen: an warmen Tagen reichlich gießen, sonst mäßig feucht halten; alle 2 Wochen düngen; Verblühtes regelmäßig entfernen; bei Herbstpflanzung draußen mit etwas Schutz oder drinnen hell und kühl überwintern, Erde nicht ganz austrocknen lassen
Gestaltung: hübsch in Kombination mit blauen Frühjahrsblühern, z. B. Hyazinthen und Traubenhyazinthen, ebenso mit gelben oder weißen Narzissen

BALKONPFLANZEN

Höhe:
20–50 cm
Blütezeit:
März – Mai

*Staude,
meist
immergrün*

 -

Bergenia-Arten
Bergenie

Familie: Steinbrechgewächse *(Saxifragaceae)*
Herkunft: Asien
Aussehen: Blütenglöckchen rosa, rot oder weiß, in großen Trugdolden; wächst breitbuschig mit meist immergrünen, großen, eiförmigen Blätter, im Winter teils bronze oder rötlich, bei einigen Sorten ganzjährig rot
Standort: sonnig bis schattig
Pflanzen: ab Mai/Juni; für Saisonbepflanzung im Herbst einsetzen; kleine Exemplare mit 25 cm Abstand
Pflegen: nur leicht feucht halten; im Frühjahr mit organischem oder Langzeitdünger versorgen; Überwinterung draußen, in rauen Lagen mit Winterschutz
Vermehren: durch Teilung nach der Blüte
Gestaltung: sehr vielseitig einsetzbar, für Herbstkombinationen, als Frühjahrsblüher, als sommerliche Blattschmuckpflanze, für Schattengestaltungen
Arten/Sorten: Für Pflanzgefäße eignen sich niedrige *Bergenia*-Hybriden sowie *B. cordifolia*.

Die Pflanzen im Porträt

Höhe:
15–30 cm
Blütezeit:
Mai – Okt.

*einjährig
kultivierte
Staude*

Bidens ferulifolia

Zweizahn

Andere Namen: Goldzweizahn, Goldmarie, Goldfieber
Familie: Korbblütler *(Asteraceae)*
Herkunft: Südarizona, Mexiko
Aussehen: goldgelbe, sternförmige Blüten mit etwa 3 cm Durchmesser; wächst breit überhängend, mit bis 1 m langen Trieben, und sehr kräftig/wuchernd
Standort: sonnig, auch pralle Sonne; wind-, wetterfest
Pflanzen: ab Mitte Mai mit 25–30 cm Abstand
Pflegen: sehr hoher Wasserbedarf; am besten bereits beim Pflanzen Langzeitdünger verabreichen, andernfalls wöchentlich düngen; Überwintern bei 5–10 °C, hell, vor dem Einräumen Triebe auf 15–20 cm zurückschneiden
Vermehren: durch Stecklinge im August oder von überwinterten Exemplaren im Januar – März
Gestaltung: passt gut zu violetten, blauen oder roten Hängepetunien und Hängeverbenen (Tapien) sowie zu roten oder weißen Hängepelargonien; Vorsicht, kann schwachwüchsige Pflanzen überwuchern

Höhe:
20–30 cm
Blütezeit:
Juli – Sept.

einjährige Sommerblume

Brachyscome iberidifolia
Blaues Gänseblümchen

Andere Namen: Australisches Gänseblümchen
Familie: Korbblütler *(Asteraceae)*
Herkunft: Australien
Aussehen: Blüten blau, violett, purpurfarben, rosa oder weiß, margeritenähnlich, duftend; wächst halb hängend, mit bis 30 cm langen Trieben
Standort: sonnig, kann auch leicht beschattet stehen
Vorziehen: im März/April; 20–22 °C Keimtemperatur
Pflanzen: ab Mitte Mai mit 15–20 cm Abstand
Pflegen: gleichmäßig leicht feucht halten; alle 2 Wochen schwach dosiert düngen, bei starken Blattaufhellungen Eisenpräparat verabreichen; Verblühtes regelmäßig entfernen
Gestaltung: schön in Ampeln oder als Unterpflanzung für Hochstämmchen; in Kästen am vorderen Rand oder seitlich einsetzen
Arten/Sorten: *B. multifida* blüht hellblau oder violett, ist ausdauernd und kann überwintert werden. Ansonsten hat sie dieselben Ansprüche wie *B. iberidifolia*.

Die Pflanzen im Porträt

Höhe:
20–30 cm
Blütezeit:
Mai – Sept.

einjährig kultivierter Halbstrauch

Calceolaria integrifolia

Pantoffelblume

Familie: Braunwurzgewächse *(Scrophulariaceae)*
Herkunft: Chile
Aussehen: Blüten in Gelb, auch rot gefleckt, Rispen mit rundlichen Einzelblüten; Wuchs buschig verzweigt, Triebe mit der Zeit überhängend
Standort: hell (aber nicht vollsonnig) oder halbschattig; regengeschützt
Vorziehen: samenvermehrbare Sorten im Januar bis Februar; bei 15 °C Keimtemperatur
Pflanzen: ab Mitte Mai mit 20–25 cm Abstand
Pflegen: reichlich gießen; wöchentlich schwach dosiert düngen; Verblühtes regelmäßig entfernen; kann hell bei 5–10 °C überwintert werden
Vermehren: durch Stecklinge, Schnitt im Spätsommer oder von überwinterten Pflanzen Ende Januar/Februar
Gestaltung: vielfältig kombinierbar; passt gut z. B. zu Pelargonien, Männertreu, Vanilleblume, Petunien, Feuersalbei, Nelken, Begonien und Leberbalsam

BALKONPFLANZEN **C**

Höhe:
15–30 cm
Blütezeit:
Juni – Okt.

einjährige Sommerblume

Calendula officinalis

Ringelblume

Familie: Korbblütler *(Asteraceae)*
Herkunft: Mittelmeerraum
Aussehen: einfache oder gefüllte Blüten in Gelb, Orange, Apricot oder Creme, oft mit dunkler Mitte, bis 6 cm Durchmesser; aufrechter, kompakter Wuchs
Standort: sonnig bis halbschattig
Vorziehen: aus Samen im Februar/März, 14–16 °C Keimtemperatur, oder ab April direkt ins Pflanzgefäß säen; Lichtkeimer
Pflanzen: ab Anfang Mai mit 20 cm Abstand
Pflegen: mäßig feucht halten; alle 2 Wochen düngen; Verblühtes regelmäßig entfernen
Gestaltung: schön z. B. mit blauen Salvien, Vanilleblume, Kapkörbchen, Feuersalbei, Margeriten, Leberbalsam; lässt sich gut mit Balkongemüse und Kräutern wie Tomaten, Rukola oder Salbei kombinieren; passt besonders gut in Gestaltungen mit ländlich-rustikalem Flair
Arten/Sorten: nur klein bleibende Topfsorten wählen, z. B. 'Little Ball' oder 'Gitana'-Serie

Die Pflanzen im Porträt

Höhe:
20–30 cm
Blütezeit:
Mai – Okt.

einjährig kultivierte Staude

Calibrachoa-Hybriden

Zauberglöckchen

Andere Namen: Mini-Petunien
Familie: Nachtschattengewächse *(Solanaceae)*
Herkunft: vermutlich Brasilien
Aussehen: Blüten rot, blau, violett, gelb, orangefarben, apricot oder weiß, klein und trichterförmig, sehr zahlreich; wächst hängend, rundlich ausladend, oft starkwüchsig
Standort: sonnig, auch leicht beschattet; neuere Sorten in der Regel regenfest und windunempfindlich
Vorziehen: entfällt; nur als Jungpflanze im Angebot
Pflanzen: ab Mitte Mai mit 25–30 cm Abstand; am besten in Petunienerde; gute Dränage im Gefäß wichtig
Pflegen: feucht, aber keinesfalls staunass halten, möglichst mit kalkarmem Wasser gießen; alle 1–2 Wochen düngen; kein Ausputzen erforderlich
Gestaltung: für Kästen, Ampeln und Hanging Baskets; Vorsicht, nicht mit ausgesprochen zart- bzw. schwachwüchsigen Partnern zusammenpflanzen; schön z. B. mit Hängeverbenen, großblumigen Hängepetunien oder Zweizahn

BALKONPFLANZEN C

Höhe:
15–35 cm
Blütezeit:
Juli – Okt.

einjährige
Sommer-
blume

Callistephus chinensis

Sommeraster

Familie: Korbblütler *(Asteraceae)*
Herkunft: China
Aussehen: Blüten weiß, creme, rosa, rot, violett, blau, oft mit gelber Mitte, meist dicht gefüllt, halbkugelig bis pomponartig, 4–10 cm Durchmesser; wächst breit aufrecht
Standort: sonnig
Vorziehen: im März/April; 15 °C Keimtemperatur
Pflanzen: ab Mitte Mai – Juni; 20–25 cm Abstand.
Pflegen: bei Hitze kräftig gießen, sonst mäßig feucht halten und Staunässe unbedingt vermeiden; wöchentlich düngen; Verblühtes regelmäßig entfernen
Gestaltung: in Prachtmischungen mit verschiedenen Blüten- farben auch ohne Begleiter attraktiv; gute Partner sind Mar- geriten, Duftsteinrich, Männertreu, Salbei und – im Herbst – Kissenastern
Arten/Sorten: Wählen Sie für Gefäßbepflanzung bevorzugt so genannte Zwerg-, Topf- oder Beetastern, die oft nur 20 cm hoch wachsen.

Die Pflanzen im Porträt

Höhe:
20–80 cm
Blütezeit:
je nach Sorte Juni – Dez.

immergrüner Zwergstrauch

Calluna vulgaris
Besenheide

Andere Namen: Heidekraut
Familie: Heidekrautgewächse *(Ericaceae)*
Herkunft: Europa, Kleinasien
Aussehen: Blüten rosa, weiß, rot oder violett; wächst aufrecht bis niederliegend
Standort: sonnig bis halbschattig
Pflanzen: im Sommer oder Frühherbst; 10–20 cm Abstand, für Dauerbepflanzung 25–40 cm; in mit Sand vermischte Rhododendronerde setzen
Pflegen: gleichmäßig feucht halten, kalkarmes Wasser; Überwinterung draußen möglich; im Frühjahr um etwa 1/3 zurückschneiden und Rhododendrondünger geben
Vermehren: durch Stecklinge im August/September
Gestaltung: je nach Blütezeit für Sommer- oder für Herbstbepflanzungen geeignet
Hinweis: Die so genannten Knospenblüher-Sorten öffnen ihre Blüten nicht ganz, zeigen aber schon beim Knospen Farbe. So können sie bis in den Winter hinein „blühen".

BALKONPFLANZEN

Höhe:
20–30 cm
Blütezeit:
Juni – Sept.

Staude

Campanula carpatica
Karpaten-Glockenblume

Familie: Glockenblumengewächse *(Campanulaceae)*
Herkunft: Karpaten (Osteuropa)
Aussehen: blauviolette oder weiße, schalenartig geöffnete Glockenblüten; Wuchs dichtbuschig, polsterartig
Standort: sonnig bis halbschattig
Pflanzen: ab April mit 20–30 cm Abstand
Pflegen: mäßig feucht halten; alle 2 Wochen schwach dosiert düngen; Verblühtes entfernen; frostfrei und hell überwintern, notfalls auch draußen mit Winterschutz
Vermehren: durch Teilung im Frühjahr
Gestaltung: Die kompakt wachsende Art macht sich gut in Schalen oder Kästen; schön wirkt sie auch als Unterpflanzung von Hochstämmchen.
Arten/Sorten: Bewährte Sorten sind 'Blaue Clips' und 'Weiße Clips', beide nur 20 cm hoch. Für die Gefäßbepflanzung eignen sich auch andere Arten, z. B. die Hängepolster-Glockenblume *(C. poscharskyana)* und die Zwerg-Glockenblume *(C. cochleariifolia)*.

Die Pflanzen im Porträt

Höhe:
20–25 cm
Blütezeit:
April – Sept.

oft einjährig kultivierter Halbstrauch

Centradenia-Hybriden

Kaskadenblume

Andere Namen: botanisch auch *Heterocentron*
Familie: Schwarzmundgewächse *(Melastomataceae)*
Herkunft: Mittelamerika
Aussehen: kleine, zarte, intensiv violettrosa oder pink gefärbte Blüten mit 2 cm Durchmesser; überhängende, bis 70 cm lange Triebe; zierende, unterseits kupferfarbene Blätter
Standort: sonnig bis halbschattig
Vorziehen: nur aus Stecklingen
Pflanzen: nach Mitte Mai mit 20–25 cm Abstand
Pflegen: gleichmäßig leicht feucht halten; alle 2 Wochen schwach dosiert düngen; selbstreinigend, verblühte Triebe keinesfalls entfernen; kann nach kräftigem Rückschnitt im Herbst hell und kühl überwintert werden
Vermehren: durch Stecklinge, die man von überwinterten Pflanzen im zeitigen Frühjahr schneidet
Gestaltung: geeignet für Ampeln, gemischte Kästen und zur Unterpflanzung von Hochstämmchen; sehr attraktiv auch in Hanging Baskets

BALKONPFLANZEN

Höhe:
20–40 cm
Blütezeit:
Sept. – Nov.

meist einjährig kultivierte Staude

Chrysanthemum x grandiflorum

Herbstchrysantheme

Andere Namen: Winteraster; botanisch auch *Dendranthema*-Hybriden
Familie: Korbblütler *(Asteraceae)*
Herkunft: Ostasien
Aussehen: Blüten in allen Farben außer Blau, meist gefüllt oder pomponartig; wächst buschig verzweigt
Standort: sonnig
Vorziehen: nur aus Stecklingen
Pflanzen: für Saisonbepflanzung im August/September mit 20–30 cm Abstand
Pflegen: gleichmäßig feucht halten; nach voller Blütenentfaltung einmal düngen; Verblühtes entfernen; kann nach Rückschnitt hell und kühl überwintert werden, lohnt sich jedoch kaum, zumal die Blüte erst wieder im Herbst erscheint
Vermehren: ganzjährig über Grundstecklinge
Gestaltung: niedrige Sorten für Kästen und Schalen, hochwüchsige auch für Kübel und Tröge; schöne Begleiter sind blaue Kissenastern und Besenheide

Die Pflanzen im Porträt

Höhe:
2–4 m
Blütezeit:
Juli – Okt.

einjährig kultivierter Kletterstrauch

Cobaea scandens

Glockenrebe

Familie: Glockenrebengewächse *(Cobaeaceae)*
Herkunft: Mexiko
Aussehen: glockenförmige, bis 8 cm lange Blüten in Violett, Rot, Blau oder Weiß, zum Blühbeginn weißlich grün; schnell wachsende Rankpflanze mit gefiederten Blättern, im Austrieb rötlich
Standort: sonnig
Vorziehen: ab Ende Februar – März bei 18–20 °C Keimtemperatur; Jungpflanzen an Stab im Topf hochleiten
Pflanzen: ab Mitte Mai; 50–70 cm Abstand; bei Einzelpflanzung entsprechend große Gefäße wählen
Pflegen: hoher Wasserbedarf; alle 2 Wochen düngen oder zur Pflanzung Langzeitdünger geben; durch Abkneifen der Triebspitzen stärkere Verzweigung; kann hell und kühl überwintert werden, zuvor zurückschneiden
Gestaltung: bietet ab Juli schnellen und attraktiven Sichtschutz; auch für Mauerbegrünung geeignet; Vorsicht, kann andere Pflanzen bedrängen

BALKONPFLANZEN

Höhe:
20–25 cm
Blütezeit:
Mai – Sept.

einjährige Sommerblume

Coleostephus multicaulis
Gelbe Zwergmargerite

Familie: Korbblütler *(Asteraceae)*
Herkunft: Algerien
Aussehen: Blüten gelb, strahlenförmig, bei Regen geschlossen; wächst buschig bis polsterartig oder leicht überhängend; blaugrünes Laub
Standort: sonnig; windverträglich
Vorziehen: im März/April; 15–18 °C Keimtemperatur; Samen nur dünn abdecken
Pflanzen: ab Mitte Mai mit 20 cm Abstand
Pflegen: gleichmäßig leicht feucht halten; alle 1–2 Wochen düngen; Verblühtes regelmäßig entfernen
Gestaltung: lässt sich mit allen nicht zu stark wachsenden Blumen kombinieren; attraktiv z. B. mit roten Pelargonien oder Nelken, Vanilleblume, Blauer Mauritius; auch für Unterpflanzung von Hochstämmchen geeignet
Arten/Sorten: Weiß blühende Verwandte sind die Weiße Zwergmargerite (→ Seite 75), die Margerite (→ Seite 112) und die Strauchmargerite (→ Seite 129).

Die Pflanzen im Porträt

Höhe:
15–25 cm
Blütezeit:
Mai – Okt.

einjährig kultivierter Halbstrauch

Convolvulus sabatius

Blaue Mauritius

Familie: Windengewächse *(Convolvulaceae)*
Herkunft: Südeuropa, Nordafrika
Aussehen: Blüten hellblau bis hellviolett, trichterförmig, schließen sich bei Regen; Wuchs halb hängend mit bis 1 m langen Trieben; silbrig grünes Laub
Standort: sonnig, auch vollsonnig
Vorziehen: im März; 15 °C Keimtemperatur
Pflanzen: ab Mitte Mai mit 20–30 cm Abstand
Pflegen: gleichmäßig leicht feucht halten; bis Mitte August alle 2 Wochen schwach dosiert düngen; verblühte Triebe zurückschneiden; kann hell bei 10 °C überwintert werden, vorher Triebe einkürzen
Vermehren: durch Stecklinge von Herbst bis Frühjahr
Gestaltung: schmucke Ampelpflanze, auch verträglicher Begleiter in gemischten Kästen
Arten/Sorten: Die ähnlich zu verwendende Dreifarbige Winde *(C. tricolor)* blüht blau, rot, rosa oder weiß mit gelb-weißem Schlund.

BALKONPFLANZEN C

Höhe:
5–10 cm
Blütezeit:
Febr. – April

*Knollen-
pflanze*

Crocus-Arten
Krokus

Familie: Irisgewächse *(Iridaceae)*
Herkunft: Süd- und Südosteuropa, Kleinasien
Aussehen: becher- oder kelchförmige Blüten, gelb, weiß, rosa, purpur oder violett, auch mehrfarbig, Blütezeit variiert je nach Art und Sorte; wächst mit aufrechten, kurzen Blütenstielen und grasartigen Blättern
Standort: sonnig, auch leicht beschattet
Pflanzen: gekaufte Pflanzen im zeitigen Frühjahr einsetzen; oder Knollen im September/Oktober 6–8 cm tief in die Erde stecken; 10 cm Abstand
Pflegen: mäßig gießen; nach Blühbeginn einmal düngen; Herbstpflanzungen drinnen frostfrei und dunkel oder draußen mit Nadelreisigabdeckung überwintern; Erde nicht ganz austrocknen lassen, ab Austrieb hell stellen
Gestaltung: hübsche Begleiter für andere Frühjahrsblüher; schön auch ohne andere Partner in verschiedenen Blütenfarben in Schalen und Kästen oder als Farbtupfer in Dauerbepflanzungen

Die Pflanzen im Porträt

Höhe:
2–4 m
Blütezeit:
Juli – Sept.

einjährige
Kletter-
pflanze

Cucurbita pepo

Zierkürbis

Familie: Kürbisgewächse *(Cucurbitaceae)*
Herkunft: Mittelamerika, südliches Nordamerika
Aussehen: gelbe oder weiße, trichterförmige Blüten, 8–10 cm lang; je nach Sorte ab Spätsommer kleine oder große Früchte, birn-, eiförmig oder rundlich, grün, gelb, weiß oder bunt gestreift, nicht genießbar; raschwüchsige Rankpflanze mit großen, herzförmigen Blättern
Standort: sonnig, auch leicht beschattet; warm; möglichst etwas geschützt
Vorziehen: ab Mitte April, je 2–3 Samen in Töpfe säen, 18 °C Keimtemperatur; oder im Mai direkt in Pflanzgefäße säen
Pflanzen: ab Mitte Mai mit 60–80 cm Abstand oder einzeln in große Töpfe
Pflegen: bei Trockenheit reichlich gießen; wöchentlich düngen; an stabilem Klettergerüst hochleiten, denn bei gutem Fruchtbehang sind die Triebe schon recht schwer
Gestaltung: bietet attraktiven, dichten Sichtschutz; die dekorativen Früchte halten über den Winter

BALKONPFLANZEN C

Höhe:
25–30 cm
Blütezeit:
Mai – Okt.

einjährig kultivierte Staude

Cuphea ignea
Zigarettenblümchen

Andere Namen: Köcherblümchen
Familie: Weiderichgewächse *(Lythraceae)*
Herkunft: Mexiko
Aussehen: leuchtend rote Röhrenblüten mit weiß-schwarzem Saum, der an Zigarettenasche erinnert; Wuchs stark verzweigt, dünne, überhängende Triebe
Standort: sonnig bis halbschattig, keine pralle Sonne; windgeschützt
Vorziehen: im Februar/März; 15–18 °C Keimtemperatur; Jungpflanzen mehrmals entspitzen
Pflanzen: nach Mitte Mai mit 20–25 cm Abstand
Pflegen: leicht feucht halten; alle 2–3 Wochen düngen; kann nach Bedarf zurückgeschnitten werden
Vermehren: über Kopfstecklinge im Frühjahr
Gestaltung: schön mit gelb oder weiß blühenden Partnern, z. B. Studentenblumen und Zwergmargeriten
Arten/Sorten: *C. ilavea* 'Tiny Mice' hat aparte rote Röhrenblüten mit blauviolettem Ende.

Die Pflanzen im Porträt

Höhe: *20–45 cm*
Blütezeit: *Mai – Okt.*

Knollenpflanze

Dahlia-Hybriden

Dahlie

Familie: Korbblütler *(Asteraceae)*
Herkunft: Mexiko
Aussehen: Blüten weiß, gelb, rosa, pink oder rot, einfach, halb gefüllt oder gefüllt; wächst buschig aufrecht
Standort: sonnig, auch vollsonnig; windgeschützt
Vorziehen: samenvermehrbare Sorten im Februar/März, je 2–3 Samenkörner in Töpfe säen, bei 18–20 °C Keimtemperatur aufstellen
Pflanzen: ab Mitte Mai mit 30 cm Abstand, sehr kompakte Sorten auch etwas enger
Pflegen: bei Hitze kräftig gießen, aber Staunässe vermeiden; wöchentlich düngen; Verblühtes regelmäßig abschneiden; hohe Sorten stützen; Überwinterung bei Gefäßhaltung meist nicht lohnend
Gestaltung: Kleine Sorten (z. B. Zwerg-Mignon-Dahlien, 'Dahlietta', 'Dalina') in verschiedenen Blütenfarben wirken sehr schön in Balkonkästen, größere setzt man einzeln oder zu wenigen in Töpfe und Kübel.

BALKONPFLANZEN **D**

Höhe:
20–30 cm
Blütezeit:
Juni – Sept.

*einjährige
Sommer-
blume*

Dianthus chinensis
Sommernelke

Andere Namen: Kaiser-, Chinesen-, Heddewigsnelke
Familie: Nelkengewächse *(Caryophyllaceae)*
Herkunft: China, Korea
Aussehen: Blüten rosa, rot, violett, weiß, auch zweifarbig, mit gefransten Blütenblatträndern, einfach oder gefüllt, bis 8 cm Durchmesser; wächst breitbuschig
Standort: sonnig; regengeschützt
Vorziehen: im Februar/März; 15–20 °C Keimtemperatur
Pflanzen: ab Mitte Mai mit 20–25 cm Abstand
Pflegen: gleichmäßig leicht feucht halten; alle 2 Wochen düngen; Verblühtes regelmäßig wegschneiden
Gestaltung: sehr schön in Farbmischungen, die man dezent mit Männertreu, Blauem Gänseblümchen oder Husarenknöpfchen untermalen kann
Arten/Sorten: Für Gefäßbepflanzung kommen auch die recht ähnlichen Bartnelken *(D. barbatus)* in Frage, die etwas kürzer blühen, dafür aber duften, sowie kleinwüchsige Gartennelken *(D. caryophyllus)*, die teils ebenfalls duften.

Die Pflanzen im Porträt

Höhe: *25–30 cm*
Blütezeit: *Mai – Okt.*

einjährig kultivierte Staude

Diascia-Hybriden

Elfensporn

Familie: Braunwurzgewächse *(Scrophulariaceae)*
Herkunft: Südafrika
Aussehen: kleine Rachenblüten, rosa, rot oder weiß; buschiger, kompakter Wuchs, Triebe teils überhängend
Standort: sonnig bis halbschattig, luftig; recht regenfest und windtolerant
Vorziehen: Januar – März; Samen werden jedoch selten angeboten, meist nur als Jungpflanzen erhältlich
Pflanzen: nach Mitte Mai mit 20 cm Abstand
Pflegen: gleichmäßig feucht halten; alle 2 Wochen düngen; kann hell bei 8–10 °C überwintert werden
Vermehren: durch Stecklinge im Frühjahr
Gestaltung: hübsche Ampelpflanze, auch für Kästen und Hochstämmchenunterpflanzung geeignet; nicht mit starkwüchsigen Arten kombinieren
Arten/Sorten: Neben den Hybriden wird auch *D. vigilis* (= *D. elegans*) angeboten sowie die einjährige *D. barbarea*; beide blühen rosa.

BALKONPFLANZEN

Höhe: 50–80 cm
Blütezeit: April – Juni

Staude

Dicentra spectabilis
Tränendes Herz

Andere Namen: Herzblume
Familie: Erdrauchgewächse *(Fumariaceae)*
Herkunft: China, Japan, Korea
Aussehen: herzförmige, rosa oder weiße Blüten mit tropfenartig herausragenden, weißen inneren Blütenblättern; wächst aufrecht mit überhängenden Blütenstielen; dekoratives, farnartiges Laub, zieht nach der Blüte ein
Standort: halbschattig
Pflanzen: im Frühjahr mit 25–30 cm Abstand
Pflegen: mäßig feucht halten; kann draußen mit Winterschutz (Topfisolierung) überwintert werden
Vermehren: durch Stecklinge oder Teilung im Frühjahr
Gestaltung: Die aparten Frühjahrs- und Frühsommerblüher wirken sehr schön in großen Schalen oder Kübeln, in Kombination z. B. mit späten Tulpen in Rosa und Weiß, mit Tausendschön und Vergissmeinnicht.
Hinweis: Die Zierwirkung ist auf wenige Monate beschränkt, deshalb ist eine Dauerkultur im Topf kaum lohnend.

Die Pflanzen im Porträt

Höhe:
5–15 cm
Blütezeit:
Juli – Sept.

einjährige Sommerblume

Dorotheanthus bellidiformis
Mittagsblume

Familie: Eiskrautgewächse *(Aizoaceae)*
Herkunft: Südafrika
Aussehen: Blüten in allen Farben außer Blau, strahlenförmig, bis 5 cm Durchmesser, nur bei Sonne geöffnet; wächst polsterartig; fleischige, blaugrüne Blätter
Standort: vollsonnig; regengeschützt
Vorziehen: im März/April, am besten einzeln in Töpfe säen; 16–18 °C Keimtemperatur
Pflanzen: ab Mitte Mai mit 10–20 cm Abstand
Pflegen: fast trocken halten; nicht düngen; Verblühtes regelmäßig entfernen
Gestaltung: wirkt, da meist in Farbmischungen angeboten, auch ohne Begleiter schön; gute Partner sind Kapkörbchen und Portulakröschen
Hinweis: Nah verwandt und in Aussehen und Pflege ähnlich sind *Lampranthus*-Arten, die man ebenfalls unter dem Namen Mittagsblume im Handel findet, sowie die „Sonnenblitzerli" *(Delosperma pruinosum)*.

BALKONPFLANZEN E

Höhe:
20–30 cm
Blütezeit:
Sept. – Dez.

einjährig kultivierter Halbstrauch

Erica gracilis
Topfheide

Andere Namen: Sommerheide, Glockenheide
Familie: Heidekrautgewächse *(Ericaceae)*
Herkunft: Südafrika
Aussehen: rote, rosa oder weiße Blütenglöckchen, sehr üppig in dichten Trauben; Wuchs buschig verzweigt; Blätter sattgrün, nadelförmig
Standort: sonnig bis halbschattig; verträgt auch feucht-kühle Witterung recht gut
Pflanzen: ab Ende August mit 20–25 cm Abstand
Pflegen: gleichmäßig feucht halten, am besten mit kalkarmem Wasser gießen
Gestaltung: in Herbstbepflanzungen attraktiver Partner für Zwerggehölze, Kissenastern und Herbstchrysanthemen; auch als Unterpflanzung für herbstblühende Topfgehölze wie Strauchveronika oder Bartblume geeignet
Arten/Sorten: Anders als die verwandte Schneeheide (*E. carnea*, → Seite 62) ist die Topfheide wenig frosthart und wird deshalb stets einjährig verwendet.

Die Pflanzen im Porträt

Höhe:
15–35 cm
Blütezeit:
Dez. – April

immergrüner Zwergstrauch

Erica herbacea

Schneeheide

Andere Namen: Winterheide
Familie: Heidekrautgewächse *(Ericaceae)*
Herkunft: Mitteleuropa
Aussehen: zahlreiche Blütenglöckchen, rosa, weiß, rot oder violett; wächst buschig bis polsterartig; teils attraktive Laubfärbung in Rotbraun, Gelbgrün oder Bronze
Standort: sonnig bis halbschattig
Pflanzen: im Herbst mit 30 cm Abstand; in saures Substrat (Rhododendronerde), mit Sand vermischt
Pflegen: gleichmäßig feucht halten, möglichst mit kalkarmem Wasser gießen; im Frühjahr Rhododendrondünger geben, bei Bedarf bis Mitte August 1–2mal nachdüngen; Überwinterung draußen ohne Schutz möglich, Gefäße mit geringem Erdinhalt jedoch isolieren
Vermehren: durch halb verholzte Stecklinge im Sommer
Gestaltung: schön in (frostfesten) Schalen oder Kästen, als winterlicher Farbtupfer zwischen Zwergkoniferen und anderen immergrünen Kleingehölzen

BALKONPFLANZEN **E**

Höhe:
20–30 cm
Blütezeit:
Mai – Sept.

einjährig kultivierte Staude

Erigeron karvinskianus
Spanisches Gänseblümchen

Familie: Korbblütler *(Asteraceae)*
Herkunft: Südamerika, Südeuropa, Nordwestafrika
Aussehen: zahlreiche kleine Strahlenblüten, anfangs weiß, dann rosa bis rot; Wuchs stark verzweigt, kissenartig, Triebe teils überhängend
Standort: sonnig
Vorziehen: Januar – März; 15–18 °C Keimtemperatur, Lichtkeimer
Pflanzen: ab Mitte Mai mit 20–30 cm Abstand
Pflegen: mäßig feucht halten; alle 2 Wochen düngen; Verblühtes entfernen; kann hell und frostfrei (0–5 °C) überwintert werden, vorher lange Triebe einkürzen
Gestaltung: für Ampeln, gemischte Kästen oder Schalen; lässt sich mit nahezu allen nicht zu starkwüchsigen Balkonblumen kombinieren; vermittelt gleichermaßen mediterranes wie naturnahes Flair
Arten/Sorten: Bewährt hat sich die kompakt wachsende Sorte 'Blütenmeer'.

Die Pflanzen im Porträt

Höhe: 25–35 cm
Blütezeit: April – Juni

zweijährig kultivierter Halbstrauch

Erysimum cheiri

Goldlack

Familie: Kreuzblütler *(Brassicaceae)*
Herkunft: Südeuropa
Aussehen: Blüten gelb, orange, rot, violett oder braun, 2–3 cm groß, in Trauben, einfach oder gefüllt, mit honigartigem Duft; wächst aufrecht, buschig verzweigt
Standort: sonnig bis halbschattig
Vorziehen: ab Mai – Juli; einzeln in Töpfe pikieren
Pflanzen: im Herbst oder Frühjahr; 15–20 cm Abstand
Pflegen: gleichmäßig leicht feucht halten; alle 2 Wochen düngen; Verblühtes regelmäßig entfernen; bei Herbstpflanzung draußen mit Schutz überwintern, Erde nicht ganz austrocknen lassen
Gestaltung: passt zu allen Frühjahrsblühern, besonders gut zu blau und weiß blühenden Partnern
Arten/Sorten: Für die Gefäßpflanzung eignen sich z. B. die Sorten der 'Zwergbusch'- oder der 'Bedder'-Serie.
Hinweis: Vorsicht, alle Pflanzenteile, insbesondere die Samen, sind stark giftig!

Höhe:
25–40 cm
Blütezeit:
Juni – Okt.

einjährige
Sommer-
blume

Eschscholzia californica
Goldmohn

Andere Namen: Schlafmützchen, Kalifornischer Mohn
Familie: Mohngewächse *(Papaveraceae)*
Herkunft: Nordamerika
Aussehen: Blüten gelb, orange, rot, rosa oder cremeweiß, becherförmig, einfach oder gefüllt; nur spätvormittags bis spätnachmittags und bei Sonne geöffnet; buschig verzweigter, polsterartiger Wuchs
Standort: sonnig, auch vollsonnig
Vorziehen: März – April direkt ins Gefäß säen, 15 °C Keimtemperatur; später auf 25 cm Abstand ausdünnen
Pflanzen: wegen früh entwickelter Pfahlwurzel schlecht zu verpflanzen
Pflegen: leicht feucht halten; keine Düngung; Samenkapseln abknipsen
Gestaltung: oft in Farbmischungen angeboten, die sehr schön in großen Kästen, Schalen oder Kübeln wirken
Arten/Sorten: auf niedrige Sorten achten, z. B. 'Dalli' (orangerot) oder 'Ballerina' (Farbmischung)

Die Pflanzen im Porträt

Höhe:
20–50 cm
Blütezeit:
Mai – Okt.

einjährig kultivierter Halbstrauch

Felicia amelloides

Kapaster

Familie: Korbblütler *(Asteraceae)*
Herkunft: Südafrika
Aussehen: Blüten blau mit gelber Mitte, margeritenähnlich; wächst buschig, stark verzweigt bis polsterartig
Standort: sonnig, auch vollsonnig; windverträglich
Vorziehen: Februar – März; 15–18 °C Keimtemperatur; Jungpflanzen mehrmals entspitzen
Pflanzen: ab Mitte Mai mit 25–30 cm Abstand
Pflegen: gleichmäßig leicht feucht halten, Staunässe unbedingt vermeiden; alle 2 Wochen düngen; verblühte Triebe regelmäßig entspitzen; Überwinterung hell, bei 10–12 °C, besonders bei Hochstämmchen lohnend; vor dem Einräumen oder im folgenden Frühjahr Triebe um etwa 1/3 einkürzen; über Winter fast trocken halten
Vermehren: durch Kopfstecklinge im August/September oder Frühjahr; Jungpflanzen mehrmals entspitzen
Gestaltung: schön in gemischten Kästen, kann aber auch allein Töpfe zieren; hübsch als Hochstämmchen

BALKONPFLANZEN

Höhe:
20–40 cm
Blütezeit:
Mai – Okt.

oft einjährig kultivierter Strauch

Fuchsia-Hybriden
Fuchsie

Familie: Nachtkerzengewächse *(Onagraceae)*
Herkunft: Süd- und Mittelamerika, Neuseeland
Aussehen: trichterartige Blütenglöckchen in Rot, Rosa, Weiß, Blauviolett, oft zweifarbig; Wuchs je nach Sorte buschig aufrecht, halb hängend oder hängend
Standort: bevorzugt halbschattige oder helle Plätze ohne direkte Sonne, gedeiht und blüht auch im Schatten noch recht gut; windgeschützt
Vorziehen: Samenanzucht schwierig, besser Jungpflanzen kaufen oder über Stecklinge vermehren
Pflanzen: ab Mitte Mai mit 20–25 cm Abstand
Pflegen: stets feucht halten; bis Mitte August wöchentlich düngen; Verblühtes entfernen; Überwinterung siehe bei Fuchsien als Kübelpflanzen (→ Seite 158), bei kleinen Balkonfuchsien nicht immer lohnend
Vermehren: durch Stecklinge im Frühjahr oder Spätsommer
Gestaltung: hängende Formen hübsch als Ampelpflanzen; kompakte Sorten für Kästen und Schalen

Die Pflanzen im Porträt

Höhe:
20–25 cm
Blütezeit:
Juni – Okt.

meist einjährig gezogene Staude

Gazania-Hybriden

Mittagsgold

Andere Namen: Gazanie
Familie: Korbblütler *(Asteraceae)*
Herkunft: Südafrika
Aussehen: Blüten gelb, gelborange, rot, rosa, weiß, oft mit ringförmiger Zeichnung in der Mitte, Strahlenblüten mit bis 10 cm Durchmesser, öffnen sich nur bei Sonne; flache Blattrosette, darüber kurze Blütenstiele
Standort: sonnig, bevorzugt vollsonnig; regengeschützt
Vorziehen: Februar – April; 18–20 °C Keimtemperatur
Pflanzen: ab Mitte Mai mit 15–20 cm Abstand
Pflegen: nur leicht feucht halten; wöchentlich düngen; kann hell bei 5–10 °C überwintert werden
Vermehren: durch im Spätsommer geschnittene Stecklinge, diese hell und kühl überwintern
Gestaltung: sehr attraktiv in leuchtenden Farbmischungen; gute Partner sind z. B. Kapaster, Kapkörbchen, Vanilleblume oder Mittagsblume; Achtung, nicht mit Pflanzen mit hohem Wasserbedarf kombinieren

BALKONPFLANZEN H

Höhe:
40–60 cm
Blütezeit:
Juli – Okt.

*einjährige
Sommer-
blume*

Helianthus annuus

Sonnenblume

Familie: Korbblütler *(Asteraceae)*
Herkunft: Nordamerika, Europa
Aussehen: blüht in Gelb, Orange oder Rotbraun, mit dunkler Mitte, einfach oder gefüllt; wächst aufrecht mit kräftigem Stängel; niedrige Sorten sind teils stärker verzweigt und mehrblütig
Standort: sonnig bis vollsonnig
Vorziehen: im April, Samenkörner einzeln in Anzuchttöpfe säen; 15–20 °C Keimtemperatur
Pflanzen: ab Mitte Mai mit 20–30 cm Abstand
Pflegen: hoher Wasserbedarf; wöchentlich düngen; hoch wachsende Sorten mit Stäben stützen
Gestaltung: fröhlich wirkende Sommerzierde; Zwergsorten lassen sich sogar in großen Balkonkästen unterbringen, höhere Sorten einzeln in Kübeln
Arten/Sorten: Bewährte Sorten sind 'Sunspot' (einfach blühend, 40–50 cm hoch), 'Zwerg Sonnengold' (dicht gefüllt, 40 cm), 'Pacino' (einfach, verzweigt, 30–40 cm).

Die Pflanzen im Porträt

Höhe:
30–40 cm
Blütezeit:
Juni – Okt.

einjährig kultivierte Staude

Helichrysum bracteatum

Strohblume

Familie: Korbblütler *(Asteraceae)*
Herkunft: Australien
Aussehen: Blüten gelb, orange, rosa, rot oder weiß, halb gefüllt oder gefüllt; Wuchs buschig bis polsterförmig
Standort: sonnig bis vollsonnig
Vorziehen: März – April; 18 °C Keimtemperatur; Balkonsorten allerdings oft nicht samenvermehrbar
Pflanzen: ab Mitte Mai mit 20–30 cm Abstand
Pflegen: gleichmäßig leicht feucht halten, Staunässe unbedingt vermeiden; alle 2–3 Wochen schwach dosiert düngen; Ausputzen bei modernen Balkonsorten teils nicht mehr nötig, andernfalls Verblühtes regelmäßig entfernen
Gestaltung: Farbmischungen bringen ein Flair von Bauerngarten auf den Balkon. Hübsche Begleiter sind Männertreu, Hängeverbenen oder Husarenknöpfchen.
Arten/Sorten: verstärkte Bedeutung als Topfpflanze durch neuere, stecklingsvermehrte Sorten, z. B. die goldgelb blühende 'Golden Beauty', die sich auch für Ampeln eignet

BALKONPFLANZEN

Höhe:
30–60 cm
Blütezeit:
Mai – Sept.

einjährig gezogener Halbstrauch

Heliotropium arborescens
Vanilleblume

Andere Namen: Sonnenwende
Familie: Raublattgewächse *(Boraginaceae)*
Herkunft: Peru
Aussehen: große Blütendolden in Violett oder Dunkelblau; gegen Abend intensiver Vanilleduft; wächst aufrecht, buschig, auch als Hochstämmchen erhältlich
Standort: sonnig; am besten an wind- und regengeschütztem Platz aufstellen
Vorziehen: Februar – März; 18–20 °C Keimtemperatur, Lichtkeimer; Jungpflanzen entspitzen
Pflanzen: ab Mitte Mai mit 25 cm Abstand
Pflegen: gleichmäßig leicht feucht halten; wöchentlich düngen; Verblühtes regelmäßig entfernen; Überwinterung hell, bei 12–15 °C, lohnt nur bei Hochstämmchen
Vermehren: durch Stecklinge im Herbst oder Frühjahr
Gestaltung: Kompakte Sorten wie 'Mini Marine' harmonieren in Kästen mit Pelargonien, Studentenblumen, Zwergmargeriten und Duftsteinrich.

Die Pflanzen im Porträt

Höhe: *30–60 cm*
Blütezeit: *Juli – August*

Staude

Hosta-Arten
Funkie

Familie: Funkiengewächse *(Hostaceae)*
Herkunft: Japan, Korea, China
Aussehen: Blüten weiß, lila oder violett, trichterförmig in Trauben an langen Stielen; wächst breit und horstartig; mit großen, breit lanzettlichen bis herzförmigen Blättern, diese je nach Art und Sorte grün, bläulich oder gelb, oft mit weißer oder gelber Zeichnung
Standort: halbschattig bis schattig
Pflanzen: ab März/April; einzeln in große Töpfe; in nährstoffarmes Substrat (z. B. Vermehrungs- oder Pikiererde), organischen Volldünger und Blähton untermischen
Pflegen: mäßig feucht halten; im Frühjahr Langzeitdünger geben; draußen mit Winterschutz oder drinnen frostfrei überwintern, hell oder dunkel
Vermehren: durch Teilung im Frühjahr oder Herbst
Gestaltung: besondere Zierde für beschattete Plätze; passt (als Nachbar im separaten Topf) sehr gut zu Fuchsien, Astilben oder Farnen

BALKONPFLANZEN

Höhe:
2–4 m
Blütezeit:
Juli – August

einjährig kultivierte Staude

Humulus japonicus
Japanischer Hopfen

Familie: Hanfgewächse *(Cannabaceae)*
Herkunft: Japan, China, Taiwan
Aussehen: gelblich-grüne, unscheinbare Blüten; raschwüchsige Schlingpflanze mit kräftig grünen, gelappten großen Blättern, die im Herbst lange haften
Standort: sonnig bis schattig
Vorziehen: Februar – März; 15–18 °C Keimtemperatur; einzeln in Töpfe pikieren, Pflänzchen gleich stäben
Pflanzen: ab Mitte Mai mit 40–50 cm Abstand
Pflegen: hoher Wasserbedarf, besonders bei sonnigem Stand reichlich gießen, jedoch Staunässe vermeiden; alle 6–8 Wochen düngen
Gestaltung: bietet schon wenige Wochen nach der Pflanzung dichten Sicht- und Windschutz; kaschiert auch unschöne Zäune, Geländer oder Stellen am Mauerwerk
Arten/Sorten: Die Sorte 'Variegatus' hat weißgrün gemusterte Blätter. Sie wächst etwas schwächer als die Art und verträgt weniger Schatten.

Höhe:
20–30 cm
Blütezeit:
April – Mai

Zwiebelpflanze

Hyacinthus orientalis

Hyazinthe

Familie: Hyazinthengewächse *(Hyacinthaceae)*
Herkunft: Mittelmeerraum, Vorderasien
Aussehen: Blüten meist blau, violett, rosa, weiß, auch gelb oder rot, dicht in walzenförmigen Blütenständen; Rosette mit straff aufrechten, riemenförmigen Blättern
Standort: sonnig, auch leicht beschattet; regengeschützt
Pflanzen: im Frühjahr gekaufte, knospige Pflanzen einsetzen oder vorgetriebene Zwiebeln im Frühjahr 15–20 cm tief stecken; 15 cm Abstand
Pflegen: gepflanzte Zwiebeln bis zum Austrieb frostfrei und dunkel stellen, Erde nicht austrocknen lassen, dann hell stellen, mäßig gießen; nach Blühbeginn einmal düngen; vor Spätfrösten schützen; verblühte Stiele abschneiden; Weiterkultur lohnt im Topf meist nicht
Gestaltung: Sehr schön in Schalen als Mischung verschiedenfarbiger Sorten; hübsche Begleiter sind krautige Frühjahrsblüher, die den kahlen Stängelgrund verdecken, z. B. Stiefmütterchen, Primeln, Tausendschön und Vergissmeinnicht.

BALKONPFLANZEN

Höhe:
15–30 cm
Blütezeit:
Mai – Okt.

einjährige Sommerblume

Hymenostemma paludosum
Weiße Zwergmargerite

Familie: Korbblütler *(Asteraceae)*
Herkunft: Südeuropa, Nordafrika
Aussehen: Blüten weiß mit goldgelber Mitte, einfach oder gefüllt; wächst breitbuschig bis überhängend
Standort: sonnig; windverträglich
Vorziehen: im März/April; 15–18 °C Keimtemperatur; Samen nur dünn mit Erde abdecken
Pflanzen: ab Mitte Mai mit 20–30 cm Abstand
Pflegen: gleichmäßig leicht feucht halten; alle 1–2 Wochen schwach dosiert düngen; Verblühtes entfernen; nach dem ersten Hauptflor zurückschneiden
Gestaltung: Mit dem neutralen, aufhellenden Weiß ihrer Blüten eignet sich die Zwergmargerite hervorragend, um die unterschiedlichsten Pflanzen- und Farbkombinationen zu ergänzen und zu unterstreichen; nicht jedoch mit sehr starkwüchsigen Arten kombinieren.
Arten/Sorten: Die Blüten ähneln sehr denen der Strauchmargerite (→ Seite 129).

Die Pflanzen im Porträt

Höhe:
20–40 cm
Blütezeit:
Mai – Okt.

einjährig kultivierte Staude

Impatiens-Neuguinea-Gruppe

Edellieschen

Familie: Springkrautgewächse *(Balsaminaceae)*
Herkunft: Stammformen aus Neuguinea
Aussehen: Blüten rot, orange, violett, pink oder weiß, oft in kräftigen Tönen, einfach oder gefüllt; breitwüchsig, auch überhängend; Blätter teils bronzefarben oder gelbgrün mit hübscher Zeichnung
Standort: vorzugsweise halbschattig, auch schattig oder hell, jedoch nicht in praller Sonne; regengeschützt
Vorziehen: im Februar/März; 18–22 °C Keimtemperatur
Pflanzen: nach Mitte Mai mit 20–30 cm Abstand
Pflegen: stets gut feucht halten, aber Staunässe vermeiden; alle 2 Wochen schwach dosiert düngen; Verblühtes regelmäßig entfernen; für bessere Verzweigung des Öfteren entspitzen
Vermehren: aus Stecklingen; Schnitt im Spätsommer oder Frühjahr von überwinterten Pflanzen
Gestaltung: auffällige Blüher mit intensiven, leuchtenden Farben für beschattete Plätze; sehr attraktiv auch durch die teils zierenden Blätter

BALKONPFLANZEN

Höhe:
15–30 cm
Blütezeit:
Mai – Okt.

*einjährig
kultivierte
Satude*

Impatiens walleriana
Fleißiges Lieschen

Familie: Springkrautgewächse *(Balsaminaceae)*
Herkunft: Ostafrika
Aussehen: Blüten weiß, rosa, pink, rot, teils zweifarbig, einfach oder gefüllt; wächst stark verzweigt und recht kompakt, auch überhängend
Standort: halbschattig, auch schattig oder hell, doch nicht am vollsonnigen Platz; regengeschützt
Vorziehen: im Februar/März; 18–22 °C Keimtemperatur
Pflanzen: nach Mitte Mai mit 15-25 cm Abstand
Pflegen: stets gut feucht halten, aber Staunässe unbedingt vermeiden; alle 2 Wochen schwach dosiert düngen; Verblühtes regelmäßig entfernen; öfter entspitzen
Vermehren: wie Edellieschen (→ Seite 76)
Gestaltung: oft in Farbmischungen angeboten, die in großen Schalen besonders schön wirken; im Halbschatten und Schatten sind Fuchsien und Begonien hübsche Partner, an helleren Plätzen auch Leberbalsam, Hängeverbenen, Duftsteinrich oder Männertreu

Die Pflanzen im Porträt

Höhe:
2–5 m
Blütezeit:
Juli – Okt.

einjährig kultivierte Staude

Ipomoea lobata
Sternwinde

Andere Namen: teils noch unter dem botanischen Namen *Quamoclit lobata* bekannt
Familie: Windengewächse *(Convolvulaceae)*
Herkunft: Mexiko
Aussehen: Blüten röhrenartig, anfangs scharlachrot, dann orange, später gelblich weiß, klein, zahlreich; schnellwüchsige Schlingpflanze mit dreilappigen Blättern
Standort: vollsonnig; wind- und regengeschützt
Vorziehen: März – April, Samen einzeln oder zu wenigen in Töpfe; 18–20 °C Keimtemperatur; nach etwa 4 Wochen in größere Töpfe pikieren, mit kleinen Stützstäben versehen; Jungpflanzen entspitzen
Pflanzen: nach Mitte Mai mit 30–40 cm Abstand
Pflegen: stets gut feucht halten, aber nicht vernässen; alle 1–2 Wochen düngen; an Klettergerüst, Pergola, Drähten oder Schnüren hochziehen
Gestaltung: sorgt schnell für attraktiven Sichtschutz
Hinweis: Die Samen gelten als sehr giftig!

BALKONPFLANZEN

Höhe: *2–3 m*
Blütezeit: *Juli – Okt.*

einjährig kultivierte Staude

Ipomoea purpurea, I. tricolor
Trichterwinde, Prunkwinde

Familie: Windengewächse *(Convolvulaceae)*
Herkunft: Mittel- und Südamerika
Aussehen: Blüten trichterförmig, bei der Trichterwinde (→ Foto) rosa, violett, rot oder weiß mit weißem Schlund, bei der Prunkwinde blau bis purpurn mit gelblich weißem Schlund, schließen sich oft schon nachmittags; Schlingpflanzen mit großen herz- oder eiförmigen Blättern
Standort: vollsonnig; wind- und regengeschützt
Vorziehen: wie Sternwinde (→ Seite 78)
Pflanzen: nach Mitte Mai mit 30–50 cm Abstand
Pflegen: stets gut feucht, aber nicht dauernd nass halten; alle 1–2 Wochen düngen; an Klettergerüst, Drähten oder Schnüren hochleiten
Gestaltung: Die kräftigen Rot-, Purpur- oder Blautöne geben eine wunderschöne Kulisse für davor platzierte gelb blühende Topf- oder Kübelpflanzen ab.
Hinweis: Die Pflanzen selbst sind kaum gefährlich, ihre Samen jedoch hochgiftig!

Die Pflanzen im Porträt

Höhe:
1,5–2 m
Blütezeit:
Juni – Sept.

einjährige
Kletter-
pflanze

Lathyrus odoratus
Duftwicke

Familie: Schmetterlingsblütler *(Fabaceae)*
Herkunft: Mittelmeerraum
Aussehen: große Schmetterlingsblüten in lockeren Trauben, rosa, rot, lila, weiß oder apricot, intensiv duftend; schnellwüchsige Rankpflanze mit fiederteiligen Blättern
Standort: sonnig bis halbschattig; windgeschützt
Vorziehen: im Februar/März; 3–4 Samen pro Topf säen; 15–18 °C Keimtemperatur; auch Saat direkt ins Gefäß ab Mitte April möglich
Pflanzen: ab Mitte Mai mit 20–30 cm Abstand
Pflegen: gleichmäßig feucht halten; wöchentlich düngen; Verblühtes regelmäßig entfernen
Gestaltung: lässt sich in großen Kästen gut mit anderen Pflanzen kombinieren bzw. unterpflanzen
Arten/Sorten: Neben den kletternden gibt es auch buschig wachsende, kompakte Sorten (20–40 cm hoch) für Balkonkästen, z. B. 'Little Sweetheart' und 'Super Snoop', jeweils in unterschiedlichen Tönen als Farbmischungen erhältlich.

BALKONPFLANZEN L

Höhe:
10–20 cm
Blütezeit:
Mai – Okt.

einjährig
kultivierte
Staude

Lobelia erinus
Männertreu

Andere Namen: Lobelie
Familie: Glockenblumengewächse *(Campanulaceae)*
Herkunft: Südafrika
Aussehen: zahlreiche kleine Blüten in vielen Blautönen, violett, rosa, teils mit weißem Auge, oder weiß; wächst buschig aufrecht bis polsterartig oder hängend mit bis zu 50 cm langen Trieben
Standort: sonnig bis halbschattig
Vorziehen: Januar – März mit 18 °C Keimtemperatur, Lichtkeimer; in Büscheln in Töpfe pikieren
Pflanzen: ab Mitte Mai; 20 cm Abstand
Pflegen: gleichmäßig feucht halten; alle 2 Wochen schwach dosiert düngen; bei Nachlassen des Flors (meist im Juli) um 1/3 zurückschneiden
Gestaltung: rundet als Füllpflanze oder Vorpflanzung am Kasten- oder Schalenrand nahezu jede Pflanzenkombination ab; Hängeformen eignen sich auch für Ampeln und für die Unterpflanzung von Hochstämmchen

Die Pflanzen im Porträt

Höhe: 8–15 cm
Blütezeit: Juni – Okt.

einjährige Sommerblume

Lobularia maritima

Duftsteinrich

Familie: Kreuzblütler *(Brassicaceae)*
Herkunft: Azoren, Kanarische Inseln, Mittelmeerraum
Aussehen: Blüten weiß, rosa, violett, klein, in bis zu 5 cm langen Trauben, duftend; wächst flach polsterartig, leicht überhängend; schmale Blätter
Standort: sonnig bis halbschattig
Vorziehen: im März/April; 18 °C Keimtemperatur
Pflanzen: ab Mitte Mai; 15 cm Abstand
Pflegen: mäßig feucht halten; bei Nachlassen des ersten Flors zurückschneiden, danach einmal düngen
Gestaltung: Anspruchslose, hübsche Begleit- und Füllpflanze für Kasten- und Schalenränder oder zur Unterpflanzung von Hochstämmchen. Vor allem die weißen Sorten lassen sich nahezu beliebig zu anderen Balkonblumen oder Kübelpflanzen gesellen. Sie unterstreichen kräftige Blütenfarben ebenso gut wie zarte Töne. Attraktive Duftgestaltungen ergeben sich z. B. durch Kombination mit Vanilleblume, Sternjasmin, Ziertabak oder Duftwicken.

BALKONPFLANZEN **M**

Höhe:
20–40 cm
Blütezeit:
Juni – Sept.

einjährig kultivierter Halbstrauch

Matthiola incana
Levkoje

Familie: Kreuzblütler *(Brassicaceae)*
Herkunft: Südeuropa, Afrika, Kleinasien
Aussehen: Blüten weiß, gelb, rosa, rot oder blau, gefüllt oder einfach, in lockeren Trauben, intensiv duftend; aufrechter Wuchs, buschig verzweigt
Standort: sonnig, notfalls auch halbschattig
Vorziehen: Ende März/Anfang April; 15–18 °C Keimtemperatur; nur die kräftigsten Sämlinge pikieren, nach dem Vereinzeln bei 10–12 °C halten
Pflanzen: nach Mitte Mai mit 15–20 cm Abstand; kalkhaltiges Substrat verwenden
Pflegen: leicht feucht halten; alle 2–3 Wochen schwach dosiert düngen
Gestaltung: Für die Gefäßbepflanzung eignen sich Zwerglevkojen oder niedrige Buschlevkojen, die meist in Farbmischungen angeboten werden; platziert man Lilien, Taglilien und Ringelblumen in gesonderten Gefäßen daneben, wird der Balkon zum Bauerngärtchen.

Die Pflanzen im Porträt

Höhe: *20–40 cm*
Blütezeit: *Mai – Sept.*

einjährig kultivierte Staude

Melampodium paludosum
Sterntalerblume

Familie: Korbblütler *(Asteraceae)*
Herkunft: Südamerika
Aussehen: sattgelbe, orange- oder zitronengelbe Blüten, margeritenähnlich, 3–4 cm Durchmesser; Wuchs buschig verzweigt, kompakt kissenartig; frischgrüne, herzförmige Blätter, die die Blütenwirkung unterstreichen
Standort: sonnig, auch leicht beschattet; warm, etwas geschützter Platz
Vorziehen: im Februar/März; 20–22 °C Keimtemperatur
Pflanzen: erst gegen Ende Mai (da recht frostempfindlich) mit 25–30 cm Abstand
Pflegen: gut feucht halten, bei Hitze kräftig gießen; alle 2 Wochen düngen; Verblühtes regelmäßig entfernen
Gestaltung: sehr schön zu anderen Blühern mit kräftigen Farben, etwa roten Pelargonien, blauvioletten Petunien, Verbenen oder Vanilleblume; wirkt auch hübsch in großen Schalen und Kübeln, in denen sich die Sterntalerblume selbst mit Balkontomaten kombinieren lässt

BALKONPFLANZEN **M**

Höhe:
60–100 cm
Blütezeit:
Juni – Okt.

einjährig
kultivierte
Staude

Mirabilis jalapa
Wunderblume

Familie: Wunderblumengewächse *(Nyctaginaceae)*
Herkunft: Südamerika
Aussehen: trichterförmige Blüten in Weiß, Gelb, Rosa, Rot, Violett, auch zweifarbig, sogar verschiedene Farben auf einer Pflanze; Blüten öffnen sich erst spätnachmittags und schließen sich frühmorgens, duftend; wächst buschig aufrecht mit herzförmigen Blättern und oft rötlichem Stängel
Standort: sonnig; warm
Vorziehen: März – April; 18–20 °C Keimtemperatur
Pflanzen: ab Mitte Mai; einzeln oder mit 40 cm Abstand in große Töpfe oder in geräumige Gefäße
Pflegen: gleichmäßig feucht halten; alle 2 Wochen düngen; Verblühtes regelmäßig entfernen
Gestaltung: Die Wunderblume ist eine Besonderheit, die man dort platzieren sollte, wo man den Feierabend verbringt, denn erst abends kommt man in den vollen Genuss der Blüten und des zarten Dufts. Kleinere Hängegewächse wie Duftsteinrich oder Männertreu eignen sich als Unterpflanzung.

Die Pflanzen im Porträt

Höhe:
15–25 cm
Blütezeit:
April – Juni

zweijährig gezogene Staude

Myosotis sylvatica

Vergissmeinnicht

Familie: Raublattgewächse *(Boraginaceae)*
Herkunft: Europa, Vorderasien
Aussehen: Blüten in vielen Blautönen, Rosa oder Weiß, zahlreiche kleine Einzelblüten in dichten Büscheln; wächst buschig und kompakt
Standort: am besten halbschattig, aber auch sonnig; eher kühl
Vorziehen: Aussaat im Juli; halbschattig stellen, einzeln in Töpfe pikieren
Pflanzen: im März oder schon im Herbst, 15 cm Abstand
Pflegen: an warmen Tagen reichlich gießen, aber nicht nass halten; nicht düngen; Herbstpflanzungen mit Winterschutz draußen überwintern und Gefäße vor Frost schützen, oder drinnen hell und kühl überwintern
Gestaltung: eignet sich sehr gut zur Kombination mit Frühjahrszwiebelblumen wie Tulpen und Narzissen, ebenso als hübscher Begleiter für Goldlack, Stiefmütterchen, Tausendschön oder Primeln; vor allem weiße und hellblaue Sorten lassen Frühjahrsarrangements luftiger wirken

BALKONPFLANZEN

Höhe:
10–40 cm
Blütezeit:
März – Mai

*Zwiebel-
pflanze*

Narcissus-Arten
Narzisse

Familie: Amaryllisgewächse *(Amaryllidaceae)*
Herkunft: Mittelmeerraum
Aussehen: blüht gelb, orange oder weiß, trompeten- oder sternförmig, teils duftend; Wuchs aufrecht; riemenförmige Blätter, mit einem oder mehreren Blütenstielen
Standort: sonnig bis halbschattig
Pflanzen: im Frühjahr gekaufte Pflanzen einsetzen oder Zwiebeln im September 5–10 cm tief stecken; 10 cm Abstand
Pflegen: leicht feucht halten; nach Blühbeginn einmal düngen; bei Herbstpflanzung über Winter frostfrei und dunkel unterbringen, Erde nicht austrocknen lassen; die überwinterten Zwiebeln ab Austrieb heller stellen
Gestaltung: in kleinen Gruppen pflanzen; bei Kombination mit anderen Arten unterschiedliche Blütezeiten der Narzissen-Sorten beachten
Arten/Sorten: Für Gefäßbepflanzung eignen sich vor allem kleine Wildnarzissen wie *N. bulbocodium* und niedrige Sorten von *N. pseudonarcissus* (Osterglocken).

Die Pflanzen im Porträt

Höhe: *15–30 cm*
Blütezeit: *Mai – Sept.*

einjährige Sommerblume

Nemesia-Hybriden
Elfenspiegel

Familie: Braunwurzgewächse *(Scrophulariaceae)*
Herkunft: Südafrika
Aussehen: becherförmige Blüten, weiß, gelb, orange, rosa, rot oder blau, bis 3 cm Durchmesser, in Dolden, teils duftend; wächst buschig, leicht überhängend oder hängend
Standort: sonnig, auch leicht beschattet; windgeschützt
Vorziehen: im März/April; 12 °C Keimtemperatur; ab Mai Aussaat direkt in Balkonkasten möglich
Pflanzen: ab Mitte Mai mit 15–20 cm Abstand
Pflegen: gleichmäßig leicht feucht halten; Verblühtes entfernen; Rückschnitt nach der ersten Blüte im Juni/Juli bewirkt einen Nachflor; nach Rückschnitt einmal düngen
Gestaltung: hübsch in Farbmischungen, bestechend aber auch in Einzelfarben, besonders in kräftigen Blautönen; dezente Begleiter sind Männertreu oder Schneeflockenblume
Hinweis: Neuzüchtungen wie die 'Karoo'- oder 'Sunsatia'-Serie erübrigen Ausputzen sowie Rückschnitt und sind zudem wetterfest.

BALKONPFLANZEN

Höhe:
30–35 cm
Blütezeit:
Juli – Sept.

einjährige Sommerblume

Nicotiana x sanderae
Ziertabak

Familie: Nachtschattengewächse *(Solanaceae)*
Herkunft: Südamerika
Aussehen: Blüten in Weiß, Creme, Gelb, Gelbgrün, Rosa, Rot, Violett, Röhren mit sternförmiger Krone, teils duftend; aufrechter, buschiger Wuchs
Standort: sonnig; windgeschützt
Vorziehen: im Februar/März; 18–20 °C Keimtemperatur; Lichtkeimer; am besten zweimal pikieren
Pflanzen: ab Mitte Mai mit 25–30 cm Abstand
Pflegen: hoher Wasserbedarf; wöchentlich düngen; verwelkte Blütenrispen abschneiden
Gestaltung: oft in Farbmischungen angeboten, die nicht unbedingt Begleiter brauchen; passende Partner sind Männertreu, Husarenknöpfchen, niedrige Studentenblumen; für Ziertabaksorten mit zarteren Farbtönen auch Petunien und Pelargonien; kompakte Balkonsorten in gemischten Bepflanzungen nicht einzeln, sondern wenigstens 2–3 Exemplare als Grüppchen verwenden

Die Pflanzen im Porträt

Höhe: *15–20 cm*
Blütezeit: *Juni/Juli – Okt.*

einjährig kultivierte Staude

Nierembergia hippomanica

Becherblume

Andere Namen: Nierembergie
Familie: Nachtschattengewächse *(Solanaceae)*
Herkunft: Argentinien
Aussehen: Blüten blau, violett, rot oder weiß, mit goldgelber Mitte, schalen- bzw. becherförmig mit 2–3 cm Durchmesser; Wuchs breit polsterartig, später mit überhängenden Trieben; zarte, frischgrüne Blätter
Standort: sonnig bis halbschattig; recht wetterfest
Vorziehen: im Februar/März; 18–20 °C Keimtemperatur
Pflanzen: ab Mitte Mai mit 20 cm Abstand
Pflegen: gut feucht halten, aber anhaltende Nässe vermeiden; wöchentlich düngen; Verblühtes entfernen; bei etwa 5–10 °C hell überwintern
Vermehren: durch im August geschnittene Stecklinge; hell; Jungpflanzen entspitzen
Gestaltung: schön in Kästen und Schalen, z. B. mit gelb blühenden Partnern; auch für Ampeln und als Unterpflanzung von Hochstämmchen geeignet

BALKONPFLANZEN

Höhe:
20–40 cm
Blütezeit:
Mai – Okt.

einjährig kultivierte Staude

Osteospermum-Hybriden

Kapkörbchen

Andere Namen: Kapmargerite, Bornholmer Margerite
Familie: Korbblütler *(Asteraceae)*
Herkunft: Südafrika
Aussehen: Blüten weiß, gelb, orange, rosa, rot, lila, auch zweifarbig, oft mit dunkler Mitte, bis 8 cm Durchmesser, teils mit löffelartigen Strahlenblüten, öffnen sich nur bei Sonne; wächst aufrecht, buschig bis kissenartig
Standort: bevorzugt volle Sonne; windverträglich; verträgt Dauerregen schlecht
Vorziehen: entfällt; nur als Jungpflanzen erhältlich
Pflanzen: ab Mitte Mai mit 15–20 cm Abstand
Pflegen: gleichmäßig leicht feucht halten; alle 2 Wochen düngen; ab Ende Juni Verblühtes abschneiden
Gestaltung: hübsch mit anderen sonnenhungrigen Blumen, z. B. Gazanien, Mittagsblumen oder Kapaster
Arten/Sorten: *Dimorphoteca*-Arten sind *Osteospermum* so ähnlich, dass sie ebenfalls Kapkörbchen genannt werden. Sie sind noch etwas regenempfindlicher.

Die Pflanzen im Porträt

Höhe:
25–35 cm
Blütezeit:
Mai – Okt.

Halbstrauch, teils einjährig kultiviert

*Pelargonium-Peltatum-*Hybriden
Hängepelargonie

Andere Namen: Hängegeranie, Efeupelargonie
Familie: Storchschnabelgewächse *(Geraniaceae)*
Herkunft: Südafrika
Aussehen: Blüten rot, rosa, lila, weiß, auch zweifarbig, einfach oder gefüllt; Wuchs halb hängend bis hängend, mit bis 150 cm langen, verzweigten Trieben
Standort: sonnig, auch halbschattig; wind- und wetterfest, gefüllt blühende Sorten jedoch regenempfindlicher
Vorziehen: wie Aufrechte Pelargonien (→ Seite 93)
Pflanzen: ab Mitte Mai mit 20–30 cm Abstand
Pflegen: gleichmäßig feucht halten; wöchentlich düngen; verwelkte Blütenstände ausbrechen, sofern keine selbstreinigende Sorte; Überwinterung hell bei 2–5 °C, fast trocken halten; im Februar Triebe auf 3–4 Augen einkürzen
Vermehren: durch Stecklinge, die man im August (hell und kühl überwintern) oder im Februar/März schneidet
Gestaltung: mit fast allen Balkonblumen mit ähnlichen Ansprüchen kombinierbar, in Kästen und Hängegefäßen

BALKONPFLANZEN

Höhe:
30–35 cm
Blütezeit:
Mai – Okt.

Halbstrauch, teils einjährig kultiviert

*Pelargonium-Zonale-*Gruppe
Aufrechte Pelargonie

Andere Namen: Geranie, Zonalpelargonie
Familie: Storchschnabelgewächse *(Geraniaceae)*
Herkunft: Südafrika
Aussehen: Blüten rosa, rot, orange, lila, violett, weiß, auch zweifarbig, einfach oder gefüllt; Wuchs buschig aufrecht; Blätter oft mit auffälliger dunkler Ringzone, deshalb die Bezeichnung Zonalpelargonie
Standort: wie Hängepelargonien (→ Seite 92)
Vorziehen: samenvermehrbare Sorten im Dezember/Januar säen; 20–24 °C Keimtemperatur; zweimal pikieren
Pflanzen: ab Mitte Mai mit 20–25 cm Abstand
Pflegen: wie Hängepelargonien
Vermehren: wie Hängepelargonien
Gestaltung: sehr vielfältig kombinierbar. Unter all den hübschen Blütenfarben sind die kräftigen, leuchtenden Rottöne besonders erwähnenswert, die bei Balkonblumen sonst recht selten vorkommen. „Klassisch" ist die Kombination weißer und knallroter Pelargonien.

Die Pflanzen im Porträt

Höhe: *30–120 cm*
Blütezeit: *Mai – Aug.*

Halbstrauch, teils einjährig kultiviert

Pelargonium-Arten

Duftpelargonie

Familie: Storchschnabelgewächse *(Geraniaceae)*
Herkunft: Südafrika
Aussehen: Blüten meist rosa, auch weiß oder rot, klein; Wuchs buschig aufrecht, breitwüchsig, teils überhängend; Blätter duftend, bei Berührung besonders intensiv
Standort: sonnig, *P. odoratissimum* halbschattig
Pflanzen: ab Mitte Mai mit 30–40 cm Abstand, hochwüchsige Arten einzeln in große Töpfe
Pflegen: zurückhaltend gießen, nur leicht feucht halten; bis Mitte August alle 4 Wochen düngen; Überwinterung wie Hängepelargonien (→ Seite 92)
Vermehren: wie Hängepelargonien (→ Seite 92)
Gestaltung: je nach Wuchs geeignet für Kästen, Ampeln, Schalen oder Kübel
Arten/Sorten: viele Arten, Hybriden und Sorten mit den unterschiedlichsten Duftnoten, z. B. *P.* x *graveolens* (Rosenduft), *P. odoratissimum* (Apfelduft), *P. crispum* 'Minor' (Zitronenduft) oder *P. fragrans* 'Old Spice' (würzig)

BALKONPFLANZEN

Höhe:
20–30 cm
Blütezeit:
Mai – Sept.

einjährige Sommerblume

Petunia-Hybriden
Petunie, aufrechte

Familie: Nachtschattengewächse *(Solanaceae)*
Herkunft: Südamerika
Aussehen: Blüten in allen Farben, auch mehrfarbig, trichter- oder tellerförmig, einfach oder gefüllt; Wuchs buschig aufrecht bis leicht überhängend
Standort: sonnig, im Halbschatten nicht ganz so prächtig blühend; mehr oder weniger regenempfindlich
Vorziehen: ab Januar – März; 18–20 °C Keimtemperatur; einzeln in Töpfe pikieren
Pflanzen: ab Mitte Mai mit 20–30 cm Abstand
Pflegen: hoher Wasserbedarf; wöchentlich düngen; Verblühtes regelmäßig entfernen
Gestaltung: beliebte Pelargonienpartner, schön auch mit Strauchmargeriten, Studentenblumen, Ziertabak
Arten/Sorten: Wichtige Sortengruppen sind 'Grandiflora' (großblumig, frühe Blüte, recht regenempfindlich), 'Multiflora' und 'Floribunda' (recht regenfest) mit mittelgroßen Blüten und 'Milliflora' (kleinblumig, etwas regenempfindlich)

Höhe:
15–30 cm
Blütezeit:
Mai – Okt.

Halbstrauch

Petunia-Hybriden

Hängepetunie, kleinblumige

Familie: Nachtschattengewächse *(Solanaceae)*
Herkunft: Südamerika
Aussehen: kleine bis mittelgroße Trichterblüten in fast allen Farben, auch mehrfarbig, meist einfach; Wuchs halb oder ganz hängend, bis 80 cm lange Triebe
Standort: sonnig, auch halbschattig; wetterfest
Vorziehen: nicht samenvermehrbar
Pflanzen: ab Mitte Mai mit 20–30 cm Abstand; am besten in Petunienerde
Pflegen: feucht, aber nicht nass halten, kalkarmes Wasser verwenden; wöchentlich mit Petuniendünger versorgen; kein Ausputzen oder Rückschnitt erforderlich
Vermehren: durch Kopfstecklinge im Februar/März
Gestaltung: sehr attraktiv in Ampeln und Hanging Baskets; nur mit starkwüchsigen Partnern kombinieren
Arten/Sorten: Das Sortenangebot wird ständig ergänzt; wichtige Sortengruppen sind u. a. 'Petitunia', 'Piccolo', 'Conchita'. Ähnlich sind die Zauberglöckchen (→ Seite 44).

BALKONPFLANZEN

Höhe:
15–30 cm
Blütezeit:
Mai – Okt.

teils einjährig, teils Halbstrauch

Petunia-Hybriden
Hängepetunie, großblumige

Familie: Nachtschattengewächse *(Solanaceae)*
Herkunft: Südamerika
Aussehen: mittelgroße bis große Trichterblüten in fast allen Farben, auch mehrfarbig, meist einfach; Wuchs halb oder ganz hängend, bis 150 cm lange Triebe
Standort: sonnig, auch halbschattig; meist regenfest
Vorziehen: aus Samen nur bei F1-Hybridsorten möglich, Anzucht wie bei den aufrechten Petunien (→ Seite 95)
Pflanzen: wie kleinblumige Hängepetunien (→ Seite 96)
Pflegen: wie kleinblumige Hängepetunien; bei manchen 'Surfinia'-Sorten Überwinterung möglich; dazu Triebe auf 20 cm einkürzen, Pflanzen hell bei 5–10 °C unterbringen
Vermehren: durch Kopfstecklinge im Februar/März
Gestaltung: opulente Blüher für Hängegefäße und Kästen; nur starkwüchsige Begleiter wählen, z. B. Zweizahn
Arten/Sorten: „Klassiker" in dieser Gruppe sind die 'Surfinia'-Hybriden, dazu kommen u. a. die nicht ganz so starkwüchsigen 'Famous'- und 'Cascadias'-Sorten.

Die Pflanzen im Porträt

Höhe:
15–30 cm
Blütezeit:
Juli – Sept.

einjährige Sommerblume

Phlox drummondii

Flammenblume

Familie: Sperrkrautgewächse *(Polemoniaceae)*
Herkunft: Nordamerika
Aussehen: bis zu 2 cm große Einzelblüten in Weiß, Gelb, Rosa, Violett, stehen in doldenartigen Blütenständen; breitbuschiger Wuchs
Standort: sonnig
Vorziehen: März – Mai; 15 °C Keimtemperatur; Jungpflanzen bei etwa 7 cm Höhe entspitzen
Pflanzen: ab Mitte Mai mit 20 cm Abstand
Pflegen: gut feucht halten, aber Staunässe vermeiden; wöchentlich schwach dosiert düngen; Verblühtes regelmäßig entfernen; ein Rückschnitt nach dem erstem Hauptflor fördert die Nachblüte
Gestaltung: Wird oft in Farbmischungen angeboten, die Kästen oder Schalen auch ohne Partner schmücken. Kombinationen sind allerdings problemlos möglich und sehr hübsch, z. B. mit gelb blühenden Begleitern wie Pantoffelblume oder Gelbem Gänseblümchen.

BALKONPFLANZEN

Höhe:
15–30 cm
Blütezeit:
Aug. – Sept.

einjährig kultivierte Staude

Plectranthus orsteri

Harfenstrauch

Andere Namen: Weihrauchstrauch, Elfengold, Mottenkönig, Duftheinrich; botanisch auch *P. coleoides*
Familie: Lippenblütler *(Lamiaceae)*
Herkunft: Indien
Aussehen: weiße, unscheinbare Blüten; starkwüchsig mit hängenden, bis 2 m langen Trieben; herzförmige Blätter mit herb aromatischem Duft, bei der gebräuchlichen Sorte 'Marginatus' sind sie weiß gerandet
Standort: sonnig bis halbschattig, notfalls im Schatten
Pflanzen: ab Mitte Mai; 20–30 cm Abstand
Pflegen: mäßig feucht halten; bis Mitte August alle 2 Wochen düngen; Überwinterung möglich, hell bei 10–15 °C, zuvor lange Triebe zurückschneiden
Vermehren: durch Stecklinge im März/April
Gestaltung: Blattschmuckpflanze, hübscher Begleiter für nicht zu schwach wachsende Sommer- und Herbstblüher wie z. B. aufrechte Pelargonien oder Herbstchrysanthemen; in Kästen wie in Ampeln oder Töpfen einsetzbar

Die Pflanzen im Porträt

Höhe:
10–15 cm
Blütezeit:
Juni – Aug.

einjährige Sommerblume

Portulaca grandiflora

Portulakröschen

Familie: Portulakgewächse *(Portulacaceae)*
Herkunft: Südamerika
Aussehen: Blüten gelb, orange, rot, pink, rosa oder weiß, schalenförmig, bis 8 cm Durchmesser, einfach oder gefüllt, öffnen sich nur bei Sonne; wächst mit niederliegenden bis überhängenden, flachen Trieben
Standort: am besten vollsonnig; regengeschützt
Vorziehen: März – Mai; 18 °C Keimtemperatur; nach Anfang Mai auch Saat direkt in den Balkonkasten möglich
Pflanzen: ab Mitte Mai mit 15 cm Abstand
Pflegen: zurückhaltend gießen, Staunässe unbedingt vermeiden; alle 4–6 Wochen düngen
Gestaltung: Die bunten Farb- und Prachtmischungen vermögen trotz ihres niedrigen Wuchses Kästen, Schalen oder auch Ampeln allein zu zieren. Eventuelle Pflanzpartner müssen ebenfalls mit voller Sonne und recht wenig Wasser zurechtkommen, geeignet sind z. B. Kapkörbchen, Mittagsblumen oder Mittagsgold.

BALKONPFLANZEN

Höhe:
5–15 cm
Blütezeit:
Febr. – Mai

*einjährig
gezogene
Staude*

Primula vulgaris ssp. *vulgaris*

Primel

Familie: Primelgewächse *(Primulaceae)*
Herkunft: Europa, Kleinasien, Nordafrika
Aussehen: Blüten in allen Farben außer reinem Blau, aber inkl. Violett, auch mehrfarbig, kontrastierende gelbe oder orange Mitte, tellerförmig, 2–5 cm Durchmesser, in Dolden; leicht duftend; kissenartige Blattrosette
Standort: sonnig bis halbschattig
Vorziehen: schwierig; besser ab Februar Pflanzen kaufen
Pflanzen: im Frühjahr; 15–20 cm Abstand
Pflegen: gleichmäßig leicht feucht halten, nicht vernässen; Düngung nicht nötig
Gestaltung: Schalen mit verschiedenfarbigen Sorten sorgen für fröhliche Frühlingsstimmung; passende Pflanzpartner sind Frühlingszwiebelblumen, z. B. Narzissen, Stiefmütterchen und Vergissmeinnicht.
Hinweis: Wenn Sie einen Garten haben, können Sie die Kissenprimeln nach der Blüte dort auspflanzen und dann mehrjährig weiterkultivieren.

Die Pflanzen im Porträt

Höhe:
20–40 cm
Blütezeit:
März – Juni

*Knollen-
pflanze*

Ranunculus asiaticus
Ranunkel

Familie: Hahnenfußgewächse *(Ranunculaceae)*
Herkunft: Mittelmeerraum, Afrika
Aussehen: weiße, gelbe, orangefarbene, rosa oder rote, dicht gefüllte Blüten mit 5–12 cm Durchmesser; wächst aufrecht, mit mehreren Blütenstielen
Standort: sonnig bis halbschattig
Pflanzen: gekaufte Pflanzen ab April einsetzen oder die klauenartigen Knollen im Frühjahr oder Herbst höchstens 5 cm tief stecken („Klauenspitzen" nach unten); 20 cm Abstand
Pflegen: gleichmäßig feucht halten; alle 1–2 Wochen schwach dosiert düngen; bei Herbstpflanzung frostfrei und dunkel überwintern, Erde nicht ganz austrocknen lassen; ab Austrieb hell bis halbschattig stellen
Vermehren: durch Knollenteilung im Herbst, einige Sorten auch über Samen im Frühjahr
Gestaltung: besonders attraktiv mit gemischten Blütenfarben in großen Schalen; hübsch mit blauen Begleitern wie Vergissmeinnicht oder blauen Hornveilchen

BALKONPFLANZEN

Höhe:
30–80 cm
Blütezeit:
Mai – Okt.

einjährig kultivierte Staude

Salvia farinacea
Mehlsalbei

Andere Namen: Salvie, Blauähre
Familie: Lippenblütler *(Lamiaceae)*
Herkunft: Nordamerika, Mexiko
Aussehen: kleine Lippenblüten in dicht besetzten, ährenartig angeordneten Quirlen, blau, violett oder weiß; Wuchs straff aufrecht, dicht verzweigt; mit lanzettlichen, überhängenden, teils weißgrau befilzten Blättern
Standort: sonnig, auch vollsonnig
Vorziehen: Februar – April; 18–20 °C Keimtemperatur
Pflanzen: nach Mitte Mai, je nach Wuchshöhe mit 20–35 cm Abstand
Pflegen: gleichmäßig feucht, aber nicht nass halten; wöchentlich schwach dosiert düngen
Gestaltung: Gibt im Hintergrund größerer Kästen oder Schalen eine schöne Kulisse ab, vor der gelbe, rote oder weiße Blüten anderer Sommerblumen gut zur Geltung kommen. Gute Partner sind z. B. Ringel- und Studentenblumen, Margeriten oder Pelargonien.

Die Pflanzen im Porträt

Höhe:
20–30 cm
Blütezeit:
Mai – Sept.

einjährig kultivierte Staude

Salvia splendens

Feuersalbei

Familie: Lippenblütler *(Lamiaceae)*
Herkunft: Brasilien
Aussehen: Lippenblüten in langen Trauben, leuchtend rot, violett oder lachsrosa; aufrechter, buschiger Wuchs
Standort: sonnig; möglichst regen- und windgeschützt
Vorziehen: im Februar/März; 20–22 °C Keimtemperatur; Jungpflanzen bei 8 cm Höhe entspitzen; die Triebspitzen können als Stecklinge gepflanzt werden
Pflanzen: ab Mitte Mai mit 20–30 cm Abstand
Pflegen: gleichmäßig feucht halten; wöchentlich schwach dosiert düngen; welke, braun gewordene Blütenstände abschneiden
Gestaltung: farbkräftiger Partner für gelbe, blaue oder weiße Blumen, z. B. Studenten- und Pantoffelblumen, Vanilleblume oder Zwergmargeriten
Arten/Sorten: Bewährte, kompakte Sorten sind z. B. 'Johannisfeuer' (scharlachrot) und 'Laser Purple' (dunkelviolett), beide 25 cm hoch.

BALKONPFLANZEN

Höhe:
8–15 cm
Blütezeit:
Juni – Okt.

einjährige
Sommer-
blume

Sanvitalia procumbens
Husarenknöpfchen

Andere Namen: Zwergsonnenblume
Familie: Korbblütler *(Asteraceae)*
Herkunft: Mexiko, Guatemala
Aussehen: gelbe, sternförmige Blüten mit braunschwarzer Mitte, 2–3 cm Durchmesser; verzweigte, niederliegende bis überhängende Triebe
Standort: sonnig; regengeschützt
Vorziehen: im März; 18 °C Keimtemperatur
Pflanzen: ab Mitte Mai mit 10–15 cm Abstand
Pflegen: stets leicht feucht halten; alle 2 Wochen schwach dosiert düngen; verblühte Triebe abschneiden
Gestaltung: hübsch als Vorpflanzung am Kastenrand, auch für Ampeln oder als Unterpflanzung von Kübelpflanzen
Arten/Sorten: Eine weitere Art ist *S. speciosa*, unter dem deutschen Namen Aztekengold bekannt. Sie hat goldgelb leuchtende Blüten und bis 80 cm lange Triebe, eignet sich sehr gut für Ampeln und lässt sich selbst mit starkwüchsigen Hängepetunien kombinieren.

Die Pflanzen im Porträt

Höhe:
20–30 cm
Blütezeit:
Mai – Okt.

meist einjährig kultivierte Staude

Scaevola saligna

Fächerblume

Familie: Goodeniengewächse *(Goodeniaceae)*
Herkunft: pazifische Inseln, Australien
Aussehen: violette oder blaue Blüten, wie kleine Fächer geformt; Wuchs buschig ausladend und halb hängend mit bis 1 m langen Trieben
Standort: sonnig bis halbschattig; regenfest
Vorziehen: entfällt, nur Stecklingsvermehrung möglich
Pflanzen: ab Mitte Mai mit 20–30 cm Abstand
Pflegen: feucht halten; verträgt zeitweise Trockenheit, aber keine Staunässe; wöchentlich schwach dosiert düngen; selbstreinigend; Überwinterung hell, bei 10–15 °C; im Frühjahr zurückschneiden
Vermehren: durch Kopfstecklinge; Schnitt im Herbst oder Frühjahr
Gestaltung: Die Fächerblume kann mit ihrem ausladenden Wuchs allein Ampeln ausfüllen, lässt sich aber auch gut in Kästen, breiten Töpfen oder in Hanging Baskets mit anderen Pflanzen kombinieren.

BALKONPFLANZEN

Höhe:
30–50 cm
Blütezeit:
Sept. – Okt.

Staude

Sedum-Arten
Fetthenne

Familie: Dickblattgewächse *(Crassulaceae)*
Herkunft: Europa, Sibirien, Asien
Aussehen: Blüten rosa, karminrot oder purpurrot, in großen Dolden; wächst aufrecht, mit fleischigen Blättern
Standort: sonnig
Pflanzen: im Sommer Containerpflanzen einsetzen; einzeln in Töpfe oder mit 30–40 cm Abstand
Pflegen: mäßig feucht halten; zur Pflanzung Langzeitdünger geben; nach Überwinterung ab Frühjahr bis August alle 4 Wochen düngen; abgeblühte Triebe im Frühjahr zurückschneiden; draußen mit Winterschutz oder drinnen hell und kühl überwintern, fast trocken halten
Vermehren: durch Stecklinge, Schnitt im Frühjahr oder Frühsommer
Gestaltung: kann in Kübeln mit niedrigen Herbstblühern und Blattpflanzen kombiniert werden
Arten/Sorten: Attraktive Topf-Fetthennen sind *S. telephium* 'Herbstfreude' und *S. spectabile*.

Die Pflanzen im Porträt

Höhe:
20–30 cm
Blütezeit:
keine

einjährig kultivierter Halbstrauch

Senecio cineraria
Silberblatt

Andere Namen: Silbergreiskraut, Aschenblume
Familie: Korbblütler *(Asteraceae)*
Herkunft: Südeuropa
Aussehen: die gelben Blüten erscheinen nur bei mehrjähriger Kultur ab dem zweiten Sommer; Wuchs buschig verzweigt; weiß- oder grünsilbrige, gelappte oder geschlitzte Blätter; zahlreiche Formen bzw. Sorten
Standort: sonnig; regengeschützt
Vorziehen: ab Januar – März; 18 °C Keimtemperatur
Pflanzen: ab Mitte Mai oder im Spätsommer mit 20–30 cm Abstand
Pflegen: nur leicht feucht halten; alle 2 Wochen schwach dosiert düngen
Gestaltung: Blattschmuckpflanze; in farbenfrohen Pflanzungen lässt sich das Silberblatt ausgleichend und vermittelnd, als optischer Ruhepunkt, einsetzen. Dezenten Kombinationen mit Blau-, Violett-, Weiß- und Rosatönen verleiht es durch die silbrige Blattfarbe ein vornehmes Flair.

BALKONPFLANZEN **S**

Höhe:
20–40 cm
Blütezeit:
Juli – Sept.

einjährig
gezogene
Staude

Solenostemon scutellarioides
Buntnessel

Andere Namen: teils noch unter dem alten Namen *Coleus-Blumei*-Hybriden geführt
Familie: Lippenblütler *(Lamiaceae)*
Herkunft: Südostasien, Afrika
Aussehen: Blüten blauweiß, unscheinbar; Wuchs buschig; ei- bis herzförmige, am Rand gesägte oder gewellte Blätter, meist mehrfarbig, je nach Sorte in verschiedenen Grün-, Rot-, Rosa- und Gelbtönen, auch fast schwarz, mit unterschiedlichen Mustern
Standort: sonnig bis halbschattig; zeigt die beste Ausfärbung im Halbschatten
Vorziehen: Januar – Februar; 20–24 °C Keimtemperatur
Pflanzen: ab Mitte Mai; 20–25 cm Abstand
Pflegen: mäßig feucht halten; alle 2 Wochen düngen; falls Blütenrispen erscheinen, gleich ausbrechen
Vermehren: durch Stecklinge im Herbst oder Frühjahr
Gestaltung: Als Blattschmuckpflanze passt die Buntnessel sehr schön zu blauen, gelben oder weißen Blühern.

Die Pflanzen im Porträt

Höhe: 20–25 cm
Blütezeit: April/Mai – Okt.

einjährig kultivierter Halbstrauch

Sutera diffusus

Schneeflockenblume

Andere Namen: Bacopa
Familie: Braunwurzgewächse *(Scrophulariaceae)*
Herkunft: Südamerika
Aussehen: Blüten in Weiß oder Zartrosa, klein, sternförmig, sehr zahlreich; Wuchs kriechend bis hängend, bis 100 cm lange Triebe
Standort: sonnig bis halbschattig; windverträglich
Vorziehen: entfällt, nur als Jungpflanze erhältlich
Pflanzen: ab Mitte Mai mit 20–25 cm Abstand
Pflegen: gleichmäßig feucht halten; alle 2 Wochen düngen; selbstreinigend, kein Ausputzen nötig
Gestaltung: Die Schneeflockenblume füllt mit ihrem üppigem Wuchs und Blütenreichtum Ampeln auch ohne Begleiter aus; sie lässt sich aber auch mit allen normalwüchsigen Balkonblumen kombinieren, in Hängegefäßen wie in Kästen oder großen Schalen.
Hinweis: Vor allem Sorten mit etwas größeren Blüten legen zuweilen kurze Blühpausen ein.

BALKONPFLANZEN

Höhe: 15–30 cm
Blütezeit: Mai – Okt.

einjährige Sommerblume

Tagetes-Arten und -Hybriden
Studentenblume

Andere Namen: Tagetes, Sammetblume
Familie: Korbblütler *(Asteraceae)*
Herkunft: Mexiko
Aussehen: Blüten gelb, orange, rot, rotbraun, auch mehrfarbig, bei *T. tenuifolia* einfach, bei *T.-Patula*-Hybriden meist gefüllt; Wuchs aufrecht, buschig
Standort: sonnig, auch leicht beschattet; wind- und regenfest (*T. tenuifolia* ist besonders robust)
Vorziehen: ab Januar – März; um 18 °C Keimtemperatur; ab Mitte April auch Aussaat direkt ins Pflanzgefäß
Pflanzen: ab Mitte Mai mit 15–25 cm Abstand
Pflegen: mäßig feucht halten; wöchentlich düngen; Verblühtes regelmäßig entfernen
Gestaltung: Studentenblumen bereichern gemischte Pflanzungen mit warmen, leuchtenden Farbtönen.
Hinweis: Tagetes duften herb bis streng, manchmal auch penetrant. Eher angenehm aromatisch riechen allerdings die *T.-tenuifolia*-Sorten.

Die Pflanzen im Porträt

Höhe:
25–60 cm
Blütezeit:
Juni – Sept.

einjährig
kultivierte
Staude

Tanacetum parthenium
Margerite

Andere Namen: Mutterkraut, Goldkamille
Familie: Korbblütler *(Asteraceae)*
Herkunft: Europa
Aussehen: Blüten weiß mit gelber Mitte oder gelb, einfach oder gefüllt, teils duftend; wächst aufrecht und breitbuschig
Standort: am besten sonnig platzieren, im Halbschatten schwächere Blüte
Vorziehen: im März/April; 15–18 °C Keimtemperatur; Samen nur dünn mit Erde abdecken
Pflanzen: ab Mitte Mai mit 20–30 cm Abstand
Pflegen: gleichmäßig feucht halten; alle 2 Wochen düngen; Verblühtes regelmäßig entfernen
Gestaltung: Niedrige, bis 30 cm hohe Sorten finden Verwendung in gemischten Balkonkästen oder Schalen; hochwüchsige Sorten werden in Gefäßen seltener eingesetzt, sehen jedoch in großen Töpfen oder Kübeln hübsch aus.
Arten/Sorten: Nah verwandt sind Weiße (→ Seite 75) und Gelbe Zwergmargerite (→ Seite 51)

BALKONPFLANZEN

Höhe:
1–2 m
Blütezeit:
Juni – Okt.

*einjährig
kultivierte
Staude*

Thunbergia alata

Schwarzäugige Susanne

Familie: Akanthusgewächse *(Acanthaceae)*
Herkunft: Ostafrika
Aussehen: Blüten gelb, orange oder weiß, meist mit schwarzem Auge, flach trichterförmig, 2–5 cm Durchmesser; Schlingpflanze, mäßig starker Wuchs, ohne Stütze hängend; herzförmige, frischgrüne Blätter
Standort: sonnig, auch vollsonnig; möglichst wind- und regengeschützt
Vorziehen: Februar – März, 3–4 Körner pro Topf säen; 18 °C Keimtemperatur; Jungpflanzen entspitzen
Pflanzen: ab Mitte Mai mit 20–40 cm Abstand
Pflegen: gleichmäßig feucht halten, Staunässe vermeiden; alle 2 Wochen düngen; für bessere Verzweigung einzelne Triebe gelegentlich stutzen; Überwinterung nicht immer lohnend, aber möglich, dann hell bei 5–10 °C; im Frühjahr dann kräftiger Rückschnitt
Gestaltung: attraktiv auch als Hängepflanze in Ampeln und großen gemischten Kästen

Die Pflanzen im Porträt

Höhe:
15–20 cm
Blütezeit:
Juni – Okt.

*einjährige
Sommer-
blume*

Thymophylla tenuiloba

Gelbes Gänseblümchen

Andere Namen: botanisch auch *Dyssodia tenuiloba*
Familie: Korbblütler *(Asteraceae)*
Herkunft: Mexiko
Aussehen: margeritenähnliche, gelbe Blütensterne mit 1–2 cm Durchmesser; breitwüchsig mit überhängenden Trieben
Standort: sonnig, auch vollsonnig
Vorziehen: ab Februar – März; 18–20 °C Keimtemperatur
Pflanzen: ab Mitte Mai mit 15–20 cm Abstand
Pflegen: stets leicht feucht halten, Staunässe unbedingt vermeiden; alle 2 Wochen schwach dosiert düngen; Verblühtes regelmäßig entfernen
Gestaltung: besonders attraktiv als Ampelpflanze, auch als hängende Beipflanze am Kastenrand oder Unterpflanzung von Hochstämmchen, etwa unter Enzianbaum-, Bleiwurz-, Granatapfel- oder Rosenstämmchen; sehr schön sind Kombinationen mit Blauen Gänseblümchen (*Brachyscome* → Seite 41); nicht mit starkwüchsigen Pflanzen wie Hängepetunien oder Zweizahn zusammenpflanzen

BALKONPFLANZEN

Höhe:
*25–30 cm/
bis 3 m*
Blütezeit:
Juli – Okt.

*einjährig
kultivierte
Staude*

Tropaeolum majus

Kapuzinerkresse

Familie: Kapuzinerkressengewächse *(Tropaeolaceae)*
Herkunft: Südamerika
Aussehen: Blüten gelb, cremeweiß, orange, rot; einfach, halb gefüllt oder gefüllt, bis 5 cm Durchmesser; Wuchs buschig oder kriechend bis hängend, rankende Sorten bis 3 m hoch; schildförmige Blätter
Standort: bevorzugt sonnig, auch halbschattig
Vorziehen: im März/April; um 15 °C Keimtemperatur; kann auch im Mai direkt ins Pflanzgefäß gesät werden
Pflanzen: ab Mitte Mai; kompakte Sorten mit 25 cm Abstand, andere mit mindestens 30 cm Abstand
Pflegen: mäßig feucht halten; alle 2 Wochen möglichst stickstoffarm düngen; bei starkem Blattwachstum mit Düngung mehrere Wochen pausieren
Gestaltung: buschige Sorten schön in Töpfen oder Kästen, langtriebige Sorten als Ampel- oder Kletterpflanzen
Hinweis: Eng verwandt ist die kletternde Kanarische Kresse (→ Seite 116).

Die Pflanzen im Porträt

Höhe:
1–3 m
Blütezeit:
Juli – Okt.

einjährige Kletterpflanze

Tropaeolum peregrinum

Kanarische Kresse

Andere Namen: Kletternde Kapuzinerkresse
Familie: Kapuzinerkressengewächse *(Tropaeolaceae)*
Herkunft: Südamerika
Aussehen: zahlreiche zitronengelbe Blüten mit stark gefransten Blütenblättern, etwa 3 cm Durchmesser; schnellwüchsige Rankpflanze mit großen, handförmig gelappten, leicht bläulich grünen Blättern
Standort: sonnig bis halbschattig; etwas geschützt
Vorziehen: im März, je 2–3 Samen in Töpfe säen; um 16 °C Keimtemperatur; beim Pikieren gleich stäben
Pflanzen: ab Mitte Mai mit 40–60 cm Abstand
Pflegen: mäßig feucht halten; alle 2 Wochen möglichst stickstoffarm düngen
Gestaltung: Die Kanarische Kresse, eine nahe Verwandte der Kapuzinerkresse (→ Seite 115), berankt zügig Gitter, Zäune und Wände und wirkt mit ihren ungewöhnlich gefransten Blüten recht attraktiv. Schön macht sich eine Unterpflanzung mit blau oder rot blühenden Blumen.

BALKONPFLANZEN

Höhe:
10–40 cm
Blütezeit:
März – Mai

Zwiebelpflanze

Tulipa-Arten und -Hybriden

Wildtulpe, Botanische Tulpe

Familie: Liliengewächse *(Liliaceae)*
Herkunft: Asien
Aussehen: Blüten in allen Farben außer Blau, auch mehrfarbig; kelch-, glocken- oder sternförmig, teils duftend, Blütezeit je nach Art und Sorte; Wuchs aufrecht, eintriebig, mit lanzettlich zugespitzten Blättern
Standort: sonnig bis halbschattig
Pflanzen: wie Gartentulpen (→ Seite 118)
Pflegen: wie Gartentulpen (→ Seite 118); bei kleinen Wildtulpen jedoch auf Düngung ganz verzichten
Gestaltung: für optimale Wirkung stets in kleinen Gruppen zu 4–5 Stück setzen
Arten/Sorten: Sehr hübsch sind niedrige Wildtulpen, z. B. *T. clusiana* (Blüte weiß mit rosa, 15–30 cm hoch). Gut eignen sich auch Botanische Tulpen (Hybriden von Wildarten); dazu zählen die Kaufmanniana-, die Fosteriana- und die Greigii-Tulpen, die es in zahlreichen Blütenfarben gibt, oft auch mehrfarbig mit auffälliger Zeichnung.

Die Pflanzen im Porträt

Höhe:
20–40 cm
Blütezeit:
März – Mai

*Zwiebel-
pflanze*

Tulipa-Hybriden

Gartentulpe

Familie: Liliengewächse *(Liliaceae)*
Herkunft: Asien
Aussehen: Blüten in allen Farben außer Blau, auch mehrfarbig; meist kelchförmig, einfach oder gefüllt, teils duftend, Blütezeit variiert je nach Sorte; Wuchs aufrecht, eintriebig, mit lanzettlich zugespitzten Blättern
Standort: sonnig bis halbschattig
Pflanzen: im Frühjahr gekaufte Pflanzen einsetzen oder Zwiebeln im September 10 cm tief stecken; 10 cm Abstand
Pflegen: mäßig feucht halten; nach Blühbeginn einmal düngen; verblühte Stiele bis zur Hälfte abschneiden; bei Herbstpflanzung über Winter frostfrei und dunkel unterbringen, ab Austrieb hell bis halbschattig stellen
Gestaltung: Passende Pflanzpartner sind z. B. Narzissen, Vergissmeinnicht oder Hornveilchen.
Arten/Sorten: Für Pflanzgefäße eignen sich vor allem niedrige Sorten der so genannten Einfachen Frühen Tulpen. Auch Wildtulpen (→ Seite 117) sind sehr reizvoll.

BALKONPFLANZEN

Höhe:
20-40 cm
Blütezeit:
Juni – Okt.

einjährig kultivierte Staude

Verbena-Hybriden
Aufrechte Verbene

Andere Namen: Eisenkraut
Familie: Eisenkrautgewächse *(Verbenaceae)*
Herkunft: Südamerika
Aussehen: Blüten in Blau, Violett, Weiß, Rot oder Rosa, doldenähnliche Schirme mit kleinen Einzelblüten; Wuchs aufrecht, buschig; breitblättrig oder feinlaubig
Standort: sonnig; moderne Sorten wetterfest
Vorziehen: schwierig, besser Jungpflanzen kaufen
Pflanzen: ab Mitte Mai mit 20–30 cm Abstand
Pflegen: gut feucht halten, aber Substrat nicht vernässen; alle 2 Wochen düngen; Verblühtes regelmäßig entfernen
Gestaltung: attraktiv in Kästen, z. B. mit Pelargonien, Studentenblumen, Kapkörbchen oder Silberblatt
Arten/Sorten: Die bewährten aufrechten Verbenen wie 'Derby' oder 'Novalis' sind durch die große Popularität der Hängeverbenen (→ Seite 120) etwas ins Hintertreffen geraten, lohnen aber das Pflanzen ebenso wie neuere kompakte Sorten (z. B. 'Babylon'-Sortengruppe).

Die Pflanzen im Porträt

Höhe:
20–25 cm
Blütezeit:
Juni – Okt.

einjährig kultivierte Staude

Verbena-Hybriden
Hängeverbene

Andere Namen: Eisenkraut
Familie: Eisenkrautgewächse *(Verbenaceae)*
Herkunft: Südamerika
Aussehen: Blüten blau, violett, rot, rosa oder weiß in doldenartigen Schirmen, dicht besetzt mit kleinen Einzelblüten; Wuchs hängend; feinlaubig oder breitblättrig
Standort: sonnig; wetterfest
Vorziehen: meist nicht samenvermehrbar
Pflanzen: ab Mitte Mai mit 20–30 cm Abstand
Pflegen: hoher Wasserbedarf, jedoch empfindlich gegen Staunässe; wöchentlich düngen; Verblühtes entfernen
Gestaltung: Zu den starkwüchsigen Hängeverbenen gesellt man am besten konkurrenzstarke Arten wie Hängepelargonien, Zauberglöckchen oder Zweizahn.
Arten/Sorten: Häufig angeboten werden Temari- und Tapien-Verbenen sowie ähnliche neuere Züchtungen (z. B. 'Tukana'-Serie). Sie sind meist starkwüchsig, sehr reichblütig, farbkräftig und gut regenverträglich.

BALKONPFLANZEN

Höhe:
10–15 cm
Blütezeit:
*April – Juni
(Herbst)*

meist zweijährig

Viola-Cornuta-Hybriden
Mini-Stiefmütterchen

Andere Namen: Hornveilchen
Familie: Veilchengewächse *(Violaceae)*
Herkunft: Pyrenäen, Spanien
Aussehen: Blüten in allen Farben, meist mehrfarbig, klein, sehr zahlreich; Wuchs kompakt, teils überhängend
Standort: sonnig bis halbschattig
Vorziehen: für die Frühjahrsblüte im Juli – August; halbschattig aufstellen, nach dem Pikieren heller stellen
Pflanzen: im März/April mit 10–20 cm Abstand
Pflegen: an warmen Tagen reichlich gießen; höchstens einmal düngen; verwelkte Blütenstiele abschneiden; eigene Anzuchten hell und kühl (bei 2–5 °C) überwintern
Gestaltung: hübsche Begleiter für spät blühende Tulpen und Narzissen sowie für Goldlack
Hinweis: Je nach Sorte und Saatzeit blühen die Mini-Stiefmütterchen – ähnlich wie die Stiefmütterchen (→ Seite 122) – im Frühjahr, im Sommer oder erst im Herbst. Die größere Bedeutung haben sie jedoch als Frühjahrszierde.

Die Pflanzen im Porträt

Höhe:
15–25 cm
Blütezeit:
März – Juni
(Herbst)

zweijährige Sommerblume

Viola x wittrockiana

Stiefmütterchen

Familie: Veilchengewächse *(Violaceae)*
Herkunft: Europa
Aussehen: Blüten in allen Farben, auch mehrfarbig, klein- oder großblumig; Wuchs kompakt, buschig
Standort: sonnig bis halbschattig
Vorziehen: im Juni/Juli; Saaten halbschattig platzieren; in Einzeltöpfe pikieren, danach heller stellen
Pflanzen: im Herbst oder Frühjahr; 10–15 cm Abstand
Pflegen: gleichmäßig feucht halten; alle 2–3 Wochen düngen; Verblühtes regelmäßig entfernen; eigene Anzuchten können draußen mit gutem Winterschutz oder drinnen hell und kühl überwintert werden
Gestaltung: Häufig werden Farbmischungen angeboten, die zu herrlich bunten Frühjahrsschalen und -kästen verhelfen. Stiefmütterchen passen gut zu Tulpen, Narzissen, Hyazinthen oder Traubenhyazinthen. Sie können aber auch Herbstpflanzungen verschönern; dafür am besten im Spätjahr bereits blühende Pflanzen kaufen.

BALKONPFLANZEN Z

Höhe:
15–30 cm
Blütezeit:
Juli – Sept.

einjährige
Sommer-
blume

Zinnia angustifolia, Z. elegans
Zinnie

Familie: Korbblütler *(Asteraceae)*
Herkunft: Mexiko, Mittelamerika
Aussehen: Blüten gelb, orange, weiß, rosa, rot oder violett, auch zweifarbig, einfach oder gefüllt, bis 10 cm Durchmesser; Wuchs aufrecht, buschig
Standort: sonnig; möglichst wind- und regengeschützt
Vorziehen: ab Februar – Mai; um 20 °C Keimtemperatur
Pflanzen: erst gegen Ende Mai, da etwas frostempfindlich; mit 15–20 cm Abstand
Pflegen: gleichmäßig feucht halten; alle 2 Wochen düngen; Verblühtes regelmäßig entfernen
Gestaltung: Zinnien lassen sich mit einer Vielzahl anderer Balkonblumen kombinieren; die warmen, teils sehr kräftigen Farbtöne sorgen für lebhafte Wirkung.
Hinweis: Manche *Z.-elegans*-Sorten wirken mit ihren dicht gefüllten Blüten wie niedrige Dahlien; kleinblumige, einfach blühende *Z.-angustifolia*-Sorten haben dagegen schon fast naturnahes Flair.

Kübelpflanzen
von A bis Z

Mediterranes Flair, tropische Pracht, bezaubernde exotische Blüten – die Haltung im Kübel macht's möglich, da sich die Pflanzen über Winter an einen geschützten Platz bringen lassen. Doch auch die robusteren Topfgehölze haben allerhand zu bieten und sorgen gerade in der kalten Jahreszeit oft für attraktiven, konkurrenzlosen Pflanzenschmuck.

KÜBELPFLANZEN

Höhe: 1–3 m
Blütezeit: April – Okt.

Strauch, teils immergrün

Abutilon-Hybriden und -Arten
Schönmalve

Andere Namen: Samtpappel
Familie: Malvengewächse *(Malvaceae)*
Herkunft: Brasilien
Aussehen: Blüten gelb, orange, rot, rosa oder weiß, große Blütenkelche, bei hellem Stand ganzjährige Blüte; aufrechter Wuchs, sparrig verzweigt, große, gelappte Blätter, bei einigen Sorten gelb oder weiß gefleckt
Standort: sonnig, jedoch keine pralle Sonne; möglichst warm; wind- und regengeschützt
Pflegen: im Sommer gut feucht, aber nicht nass halten; bis August alle 1–2 Wochen düngen; Verblühtes entfernen; Überwinterung hell, bei 5–10 °C
Vermehren: durch Kopfstecklinge oder Aussaat im Frühjahr; Jungpflanzen mehrmals entspitzen
Gestaltung: sehr attraktiv auch als Hochstämmchen
Arten/Sorten: Neben den *Abutilon*-Hybriden sind auch *A. megapotamicum* mit überhängenden Trieben und das zierlichere *A. pictum* hübsche Kübelpflanzen.

Die Pflanzen im Porträt

Höhe: bis 1 m
Blütezeit: Jan. – Febr.

immergrüne Sukkulente

Aeonium arboreum
Rosetten-Dickblatt

Andere Namen: Aeonium
Familie: Dickblattgewächse *(Crassulaceae)*
Herkunft: Südeuropa, Marokko
Aussehen: Blüten gelb, bei Kübelhaltung jedoch selten und nur an älteren Exemplaren; baumartiger Wuchs, Verzweigungen mit dickfleischigen Blattrosetten, die bei der Sorte 'Atropurpureum' braun- bis schwarzrot gefärbt sind
Standort: sonnig, auch vollsonnig; regengeschützt
Pflegen: nur gießen, wenn oberste Erdschicht abgetrocknet ist; Staunässe unbedingt vermeiden; bis August alle 2 Wochen Kakteendünger geben; Überwinterung hell, bei 10–12 °C, notfalls an hellem Platz auch wärmer, fast trocken halten
Vermehren: durch Kopfstecklinge (ganze Rosetten mit Stammstück)
Gestaltung: wirkt sehr schön in Terrakottatöpfen; die schwarzrote 'Atropurpureum' besonders attraktiv in blau oder weiß glasierten Gefäßen; lässt sich aber auch sehr schön mit bunten Sommerblumen als Nachbarn arrangieren

KÜBELPFLANZEN

Höhe:
0,8–1,2 m
Blütezeit:
Juli – August

Staude, teils immergrün

Agapanthus-Hybriden, *A. praecox*
Schmucklilie

Familie: Lauchgewächse *(Alliaceae)*
Herkunft: Südafrika
Aussehen: Blüten in Blau, Violett oder Weiß, trichterförmig, sehr zahlreich in Dolden; wächst in breiten Horsten aus riemenförmigen Blättern, über denen sich die aufrechten Blütenstiele erheben
Standort: sonnig
Pflegen: an heißen Tagen reichlich gießen, aber Staunässe unbedingt vermeiden; bis August alle 1–2 Wochen düngen; selten umtopfen, in nur wenig größere Gefäße, andernfalls zunächst reduzierte Blütenpracht; Überwinterung mäßig hell, bei 4–8 °C, immergrüne Formen leicht feucht halten, Laub abwerfende trocken
Vermehren: Teilung im Frühjahr oder nach der Blüte
Gestaltung: Als Nachbarn passen gelb blühende Kübelpflanzen oder Sommerblumen besonders gut.
Hinweis: Mangelnde Blühfreude liegt häufig an zu warmer Überwinterung oder stickstoffreicher Düngung.

Die Pflanzen im Porträt

Höhe:
0,5–1,5 m
Blütezeit:
entfällt

immergrüne
Sukkulente

Agave americana

Agave

Familie: Agavengewächse *(Agavaceae)*
Herkunft: Mexiko, Mittelmeerraum
Aussehen: gelbe Blüten, im Kübel sehr selten, Pflanze stirbt nach der Blüte ab; breite Rosette aus lanzettlichen, langen Blättern, bläulich grün, gelb oder weiß gerandet bzw. gestreift, Spitzen und Ränder bedornt
Standort: sonnig, auch vollsonnig, oder halbschattig; regengeschützter Platz
Pflegen: mäßig feucht halten, besser trockener als zu nass; im Frühjahr mit Kakteendünger versorgen; Überwinterung hell, bei 5 °C, fast trocken halten
Vermehren: über Tochterpflanzen, die man vorsichtig abnimmt und neu einpflanzt
Gestaltung: markanter Blattschmuck neben anderen mediterranen oder südamerikanischen Pflanzen
Hinweis: Vorsicht, durch die Blattdornen droht Verletzungsgefahr! Vor dem Transportieren am besten Korken auf die gefährlichen Spitzen stecken.

KÜBELPFLANZEN

Höhe:
0,5–1,5 m
Blütezeit:
Mai – Okt.

immergrüner Halbstrauch

Argyranthemum frutescens
Strauchmargerite

Familie: Korbblütler *(Asteraceae)*
Herkunft: Kanarische Inseln
Aussehen: Blüten weiß, rosa oder gelb, je nach Sorte einfach oder gefüllt, blüht bei hellem Stand ganzjährig; breitbuschiger Wuchs; Blätter gefiedert, meist blaugrün
Standort: sonnig, auch vollsonnig
Pflegen: bei Hitze reichlich gießen; bis August wöchentlich düngen; Verblühtes regelmäßig abschneiden oder nach dem ersten Hauptflor alle Triebe um 1/3 einkürzen; braune Blätter entfernen; Überwinterung so hell wie möglich bei 4–8 °C, leicht feucht halten, im Frühjahr Rückschnitt; notfalls dunkel überwintern, dann vorher um die Hälfte zurückschneiden und fast trocken halten
Vermehren: durch Stecklinge im Frühjahr; Jungpflanzen mehrmals entspitzen
Gestaltung: schmucker Dauerblüher, der nicht allzu viel Platz beansprucht; hübsch als Hochstämmchen; kompakt wachsende Sorten eignen sich auch für gemischte Balkonkästen

Die Pflanzen im Porträt

Höhe:
0,5–1,5 m
Blütezeit:
März – April

immergrüner Strauch

Aucuba japonica
Aukube

Familie: Hartriegelgewächse *(Cornaceae)*
Herkunft: Japan, China, Taiwan
Aussehen: Blüten rötlich, unauffällig; Wuchs breitbuschig; große, eiförmig zugespitzte, glänzende Blätter, bei entsprechenden Sorten gelb gefleckt oder gepunktet; leuchtend rote, giftige (!) Beeren nur an weiblichen Pflanzen
Standort: halbschattig bis schattig; regen- und etwas windgeschützter Platz
Pflegen: gleichmäßig gut feucht halten, aber Staunässe vermeiden; bis August alle 4 Wochen düngen; verträgt etwas Frost (bis etwa – 5 °C), kann im Herbst spät eingeräumt und schon ab April wieder ins Freie geräumt werden; Überwinterung hell und gerade frostfrei (2–5 °C), leicht feucht halten
Vermehren: durch Stecklinge im Frühjahr und Sommer
Gestaltung: sehr attraktive Blattschmuckpflanze für schattige Plätze, mit Funkien, Fuchsien, Astilben und Farnen als Nachbarn; hübsch auch als dekorative Pflanzenzierde am Haus- oder Terasseneingang

KÜBELPFLANZEN

Höhe:
1–3 m
Blütezeit:
entfällt

immergrüne Sträucher

Bambusoidae (Unterfamilie)
Bambus

Familie: Süßgräser *(Poaceae)*
Herkunft: Ostasien
Aussehen: Blüten erscheinen nur alle paar Jahrzehnte, nach der Blüte sterben die Pflanzen meist ab; Wuchs straff aufrecht oder breitbuschig, teils überhängend; lanzettliche, meist große Blätter, oft zierend gefärbte Halme
Standort: bevorzugt halbschattig, aber auch sonnig (nicht vollsonnig); möglichst windgeschützt
Pflegen: gleichmäßig gut feucht halten, unbedingt Staunässe vermeiden; bis Ende Juli alle 4 Wochen düngen; Überwinterung hell, bei 5–10 °C; wenig gießen, aber für hohe Luftfeuchtigkeit sorgen; im Frühjahr ältere Halme herausschneiden
Vermehren: durch Teilung im Frühjahr
Gestaltung: lassen sich gut als Sichtschutz einsetzen
Arten/Sorten: Für die Kübelhaltung eignen sich u. a. Sorten des Schirmbambus *(Fargesia murielae)* sowie verschiedene *Phyllostachys*-Arten und -Sorten, außerdem der Gelbbunte Buschbambus *(Pleioblastus auricoma)*.

Die Pflanzen im Porträt

Höhe:
1–3 m
Blütezeit:
April/Juni – Sept.

sommergrüner Kletterstrauch

Bougainvillea-Arten und -Hybriden
Bougainvillee

Familie: Wunderblumengewächse *(Nyctaginaceae)*
Herkunft: Brasilien
Aussehen: kleine, weiße Blütchen; „Blütenpracht" durch auffällig gefärbte Hochblätter, bei *B. glabra* lila oder weiß, bei *B. spectabilis* sowie *B.*-Hybriden auch gelb, orange oder rot; Wuchs aufrecht oder kletternd mit langen, verholzenden, bedornten Trieben
Standort: sonnig, auch vollsonnig; warm, regen- und windgeschützter Platz
Pflegen: an heißen Tagen reichlich gießen, aber Dauernässe vermeiden; bis August wöchentlich düngen; an stabilen Stäben im Topf oder an Rankgerüst hochziehen; Überwinterung hell, bei 8–12 °C, vor dem Einräumen zurückschneiden
Vermehren: durch halbreife Stecklinge im Frühjahr, allerdings schwierig, bewurzeln sich teils schlecht
Gestaltung: kommt ohne allzu auffällige Nachbarn an exponiertem Platz besonders gut zur Geltung; passende Begleiter sind z. B. Strauchmargerite und Brautmyrte

KÜBELPFLANZEN

Höhe:
1–3 m
Blütezeit:
Juli – Sept.

sommergrüner Strauch/ Baum

Brugmansia-Arten und -Hybriden
Engelstrompete

Familie: Nachtschattengewächse *(Solanaceae)*
Herkunft: Südamerika
Aussehen: trichterförmige hängende Blüten, 25–50 cm lang, weiß, rosa, gelb, orange oder rot, abends mit intensivem Duft; wächst meist strauchartig und breitbuschig
Standort: sonnig bis halbschattig; warm, windgeschützt
Pflegen: im Sommer durchdringend gießen; bis August wöchentlich düngen; Verblühtes und welke Blätter regelmäßig entfernen; häufiges Umtopfen empfehlenswert; Überwinterung hell oder dunkel, bei 4–12 °C, je kühler, desto weniger Licht ist nötig; vor dem Einräumen zurückschneiden, vor allem bei dunklem Winterquartier
Vermehren: durch Stecklinge von Frühjahr bis Herbst
Gestaltung: Kübelzierde mit tropischer Üppigkeit, die auch optisch Platz braucht, um sich zu entfalten
Hinweis: In allen Teilen hochgiftig! Die Pflanzen können bei empfindlichen Personen Hautreizungen hervorrufen, ihr Duft kann Kopfschmerzen und Übelkeit verursachen.

Die Pflanzen im Porträt

Höhe:
0,3–1 m
Blütezeit:
April – Mai

immergrüner Kleinstrauch

Buxus sempervirens 'Suffruticosa'

Buchsbaum

Familie: Buchsbaumgewächse *(Buxaceae)*
Herkunft: Süd- und Westeuropa
Aussehen: Blüten gelb- oder weißgrün, unscheinbar, aber duftend; wächst dichtbuschig und langsam; eiförmige, glänzend dunkelgrüne Blättchen
Standort: sonnig bis schattig
Pflegen: mäßig feucht halten; bis Mitte August alle 4 Wochen düngen; sehr gut schnittverträglich; bester Schnittzeitpunkt Ende Mai und August; Überwinterung draußen, in rauen Lagen mit Winterschutz
Vermehren: durch Stecklinge im Frühsommer
Gestaltung: Je nach Geschmack kann man den Buchs eher zwanglos wachsen lassen oder ihn regelmäßig einem Formschnitt unterziehen; noch recht einfach geht das bei Kugel- oder Pyramidenformen, wobei man zu Anfang am besten selbst gefertigte Schablonen aus Draht zu Hilfe nimmt. Sehr hübsch wirken Buchskugeln als „Pärchen", z. B. links und rechts der Balkontür.

KÜBELPFLANZEN

Höhe:
1–2,5 m
Blütezeit:
Mai – Juli

immergrüner Strauch

Callistemon citrinus

Zylinderputzer

Familie: Myrtengewächse *(Myrtaceae)*
Herkunft: Australien
Aussehen: Blüten mit langen roten Staubfäden, die dicht gedrängt in großen, flaschenbürstenartigen, aufrechten Blütenständen stehen; Wuchs buschig bis straff aufrecht, recht schnellwüchsig, vereinzelte Triebe überragen oft die Blüten; lanzettliche, lange, ledrige Blätter
Standort: sonnig, auch vollsonnig
Pflegen: reichlich gießen, möglichst mit enthärtetem Wasser; alle 2 Wochen mit kalkarmem Dünger, z. B. Rhododendrondünger, versorgen; Triebe bei jüngeren Pflanzen für buschigen Wuchs des Öfteren einkürzen; in saures Substrat (Rhododendronerde) topfen; Überwinterung hell, bei 5–10 °C, notfalls auch etwas dunkler
Vermehren: durch halbreife Kopfstecklinge im Spätsommer; Jungpflanzen mehrmals entspitzen
Gestaltung: passt gut in die Gesellschaft mediterraner Kübelpflanzen, hübsch z. B. mit Brautmyrte

Die Pflanzen im Porträt

Höhe:
1–2 m
Blütezeit:
Jan. – April

immergrüner Strauch

Camellia-Arten und -Hybriden

Kamelie

Familie: Teestrauchgewächse *(Theaceae)*
Herkunft: Ostasien
Aussehen: Blüten in Rosa, Rot oder Weiß, einfach, halb gefüllt oder gefüllt, bis 12 cm Durchmesser; buschiger Wuchs, teils mit überhängenden Trieben; breit eiförmige, glänzend dunkelgrüne Blätter
Standort: halbschattig oder hell, aber keine pralle Sonne; wind- und regengeschützt
Pflegen: mäßig feucht halten, kalkarmes Wasser verwenden; wöchentlich Rhododendrondünger geben; ab Erscheinen der Knospen (etwa Ende Juli) Gießen reduzieren und Düngung einstellen; häufig übersprühen; in Rhododendronerde topfen; vor Frosteintritt drinnen unterbringen und hell stellen, bis zum Öffnen der Blüte kühl (um 5 °C), während der Blüte bei 10–15 °C halten, wenig gießen
Vermehren: durch Kopfstecklinge im Sommer
Gestaltung: blüht am schönsten und frühesten im Wintergarten; im Sommer attraktive Blattschmuckpflanze

KÜBELPFLANZEN

Höhe:
bis 3 m
Blütezeit:
Juli – Sept.

sommergrüner Kletterstrauch

Campsis radicans
Trompetenblume

Familie: Trompetenbaumgewächse *(Bignoniaceae)*
Herkunft: Nordamerika
Aussehen: bis 8 cm lange Trichterblüten, orange, rot oder gelb, in doldenartigen Ständen; klettert mit Haftwurzeln, zudem leicht schlingend, erreicht bei freier Auspflanzung 5 m und mehr; attraktiv gefiederte Blätter
Standort: sonnig; möglichst warm und etwas windgeschützt
Pflegen: mäßig feucht halten; im Frühjahr mit Langzeitdünger versorgen, wenn nötig, im Juli nachdüngen; abgeblühte Triebe im Spätsommer oder zeitigen Frühjahr auf 2–4 Augen einkürzen; braucht spätestens ab 2 m Höhe Klettergerüst; Überwinterung draußen mit Winterschutz, erfrorene Triebe im Frühjahr zurückschneiden
Vermehren: bei Sorten (veredelt) nicht möglich
Gestaltung: eignet sich vor allem zum Verschönern von Fassaden, bietet vor einer weißen Wand einen besonders attraktiven Anblick; im geräumigen Kübel sehr schön mit Blauer Mauritius als Unterpflanzung

Die Pflanzen im Porträt

Höhe:
0,3–1,5 m
Blütezeit:
Juni – Okt.

nicht winterharte Staude

Canna-Indica-Hybriden
Indisches Blumenrohr

Familie: Blumenrohrgewächse *(Cannaceae)*
Herkunft: Westindien, Mittel- und Südamerika, Afrika
Aussehen: Blüten rot, orange, rosa, gelb, weiß, auch zweifarbig, um 10 cm lang; wächst in breiten Rosetten aus großen, aufrechten Blättern, frisch- oder blaugrün, rötlich oder bronze gefärbt
Standort: bevorzugt vollsonnig
Pflegen: im Sommer reichlich gießen, aber Staunässe unbedingt vermeiden; bis August wöchentlich düngen; Verblühtes regelmäßig entfernen; Triebe nach den ersten Frösten auf Handbreite zurückschneiden, die knolligen Rhizome herausnehmen, abtrocknen lassen, in Torf oder Sand legen, dunkel bei 5–10 °C aufbewahren, im März einpflanzen, dann warm und hell aufstellen
Vermehren: durch Teilung der Rhizome im Frühjahr
Gestaltung: sehr attraktiv in Kombination verschiedener Sorten in unterschiedlichen Blütenfarben; niedrige Sorten auch für Balkonkästen und große Schalen

KÜBELPFLANZEN

Höhe:
0,5–1 m
Blütezeit:
Aug. – Okt.

sommergrüner Kleinstrauch

Caryopteris x clandonensis
Bartblume

Familie: Eisenkrautgewächse *(Verbenaceae)*
Herkunft: Ostasien
Aussehen: Blüten blau bis blauviolett, klein und dicht gedrängt in Rispen; aufrechter, vieltriebiger Wuchs mit lanzettlichen, unterseits graufilzigen Blättern
Standort: sonnig; etwas geschützt
Pflegen: mäßig feucht halten, Staunässe unbedingt vermeiden; bis August alle 2 Wochen düngen; kann im Frühjahr kräftig eingekürzt werden; Überwinterung hell oder dunkel, bei 5–10 °C, mit gutem Schutz auch draußen, erfrorene Triebe im Frühjahr herausschneiden
Vermehren: durch Stecklinge im Sommer
Gestaltung: wunderschöner Herbstblüher, dem man kleinere Töpfe mit Topf- und Besenheide oder Kissenastern beigesellen kann; schön auch neben gelben oder roten Herbstchrysanthemen
Arten/Sorten: Bewährte Sorten sind 'Heavenly Blue' (hell violettbau) und 'Kew Blue' (dunkel blauviolett).

Die Pflanzen im Porträt

Höhe:
1–2 m
Blütezeit:
Mai – Sept.

immergrüner Strauch

Cestrum elegans

Hammerstrauch

Familie: Nachtschattengewächse *(Solanaceae)*
Herkunft: Mexiko
Aussehen: Blüten purpurrot, röhrenförmig, in dichten, hängenden Trauben; wächst buschig, mit relativ dünnen, teils überhängenden Trieben; schnellwüchsig
Standort: sonnig
Pflegen: im Sommer reichlich gießen; wöchentlich düngen; Triebe, wenn nötig, stützen oder an Spalier aufbinden; gelegentlich auslichten; Überwinterung hell, bei 5–10 °C, dann Blüte schon ab Frühjahr, oder dunkel bei etwa 5 °C, dann Triebe im Herbst auf etwa Handbreite zurückschneiden und fast trocken halten
Vermehren: durch Stecklinge im Frühjahr
Gestaltung: besonders hübsch als Hochstämmchen, schön in Grüppchen mit anderen südamerikanischen Pflanzen, z. B. Engelstrompete, Gewürzrinde, Agave
Arten/Sorten: Recht häufig wird auch *C. aurantiacum* mit gelborangefarbenen Blüten angeboten.

KÜBELPFLANZEN

Höhe:
1–3 m
Blütezeit:
März – Juni

immergrüner Schopfbaum

Chamaerops humilis
Zwergpalme

Familie: Palmen *(Arecaceae)*
Herkunft: Mittelmeerraum
Aussehen: gelbgrüne Blüten, im Kübel nur gelegentlich; mehrstämmig, mit dicht stehenden, fächerartigen, über 50 cm breiten, blaugrünen Palmwedeln, bedornte Blattstiele
Standort: bevorzugt vollsonnig, auch leicht beschattet; möglichst regengeschützt
Pflegen: gleichmäßig feucht halten; bis August wöchentlich düngen; Umtopfen nur selten nötig; verträgt leichten Frost, kann spät ein- und früh ausgeräumt werden; Überwinterung am besten hell, bei etwa 5 °C, notfalls auch dunkel, oder aber an sehr hellem Platz etwas wärmer (bis 15 °C), wenig gießen
Vermehren: durch Teilung im Frühjahr oder Aussaat, allerdings schwierig
Gestaltung: sehr attraktive Kübelpalme, die auch ohne blühende Nachbarn große Zierwirkung entfaltet; braucht recht viel Platz, da breitwüchsig; auf großen Terrassen hübsch mit Oleander und Bougainvillee

Die Pflanzen im Porträt

Höhe:
0,5–1,5 m
Blütezeit:
Mai – Juli

immergrüner Strauch

Cistus creticus

Zistrose

Familie: Zistrosengewächse *(Cistaceae)*
Herkunft: Südeuropa, Nordafrika
Aussehen: Blüten kräftig rosa, groß, schalenförmig, sehen leicht zerknittert aus, Einzelblüten halten nur kurz, werden aber ständig durch neue ersetzt; wächst buschig aufrecht mit graugrünen Blättern
Standort: vollsonnig; warm
Pflegen: im Sommer reichlich gießen, aber Staunässe vermeiden; gleich nach der Blüte im Sommer um gut 1/3 zurückschneiden und trockener halten; bis August alle 2 Wochen düngen; Überwinterung hell, bei 5–10 °C
Vermehren: durch Kopfstecklinge im Sommer oder Aussaat im Frühjahr; Jungpflanzen mehrmals entspitzen
Gestaltung: passt sehr schön in mediterrane Gestaltungen, z. B. mit Olivenbaum und Lavendel
Arten/Sorten: Weitere recht häufig angebotene Arten sind *C. ladanifer* (weiße Blüten mit rotbraunen Flecken), *C.* x *purpureus* (rosa) und *C. salviifolius* (weiß).

KÜBELPFLANZEN

Höhe:
0,5–1,5 m
Blütezeit:
März – Aug.

immergrüner Strauch

x *Citrofortunella microcarpa*

Calamondin-Orange

Andere Namen: botanisch auch *C. mitis*
Familie: Rautengewächse *(Rutaceae)*
Herkunft: Kreuzung zwischen Mandarine *(Citrus reticulata)* und Kumquat *(Fortunella margarita* → Seite 157)
Aussehen: Blüten weiß, sternförmig, duftend; blüht im Wintergarten fast ganzjährig; mandarinenähnliche, bei Reife orange Früchte, essbar, aber recht fad; buschiger Wuchs; ledrige, glänzend dunkelgrüne Blätter
Standort: sonnig; warm, wind- und regengeschützt
Pflegen: feucht, aber nicht nass halten; bis August wöchentlich düngen; möglichst nur kalkarmes Wasser, Zitrus-Substrat und Zitrus-Spezialdünger verwenden; Überwinterung hell, bei 4–8 °C, wenig gießen, häufig lüften
Vermehren: durch Stecklinge im Frühjahr und Sommer
Gestaltung: hübsch in mediterranen wie in asiatisch angehauchten Kübelpflanzenarrangements
Hinweis: Die Pflanze ist den *Citrus*-Arten (→ Seite 144) sehr ähnlich, aber robuster und pflegeleichter.

Die Pflanzen im Porträt

Höhe:
0,5–1,5 m
Blütezeit:
März – Aug.

immergrüner Strauch/Baum

Citrus-Arten
Zitrusbäumchen

Familie: Rautengewächse *(Rutaceae)*
Herkunft: Ostasien, Südostasien
Aussehen: Blüten weiß, seltener rosa, sternförmig, duftend, im Wintergarten fast ganzjährig; je nach Art gelbe oder orangefarbene Früchte, essbar, aber oft sauer; Wuchs buschig; ledrige, dunkelgrün glänzende Blätter
Standort: sonnig; warm, wind- und regengeschützt
Pflegen: wie Calamondin-Orange (→ Seite 143); die *Citrus*-Arten sind aber noch etwas empfindlicher gegen Nässe sowie Ballentrockenheit und weniger kälteverträglich; im Herbst früh einräumen und erst Ende Mai wieder nach draußen stellen; Überwinterung wie Calamondin-Orange
Vermehren: durch Stecklinge im Frühjahr und Sommer
Gestaltung: als Hochstämmchen erhältlich bzw. erziehbar, wirken aber oft in Buschform harmonischer
Arten/Sorten: zahlreiche Arten, z. B. Zitrone *(C. limon)*, Orange *(C. sinensis)* und die zierlichere Mandarine *(C. reticulata)*; ähnlich ist auch der Kumquat (→ Seite 157)

KÜBELPFLANZEN

Höhe:
bis 3 m
Blütezeit:
Mai –
Juni/Sept.

sommergrüner Kletterstrauch

Clematis-Hybriden
Waldrebe, früh blühend

Familie: Hahnenfußgewächse *(Ranunculaceae)*
Herkunft: Ostasien und Europa
Aussehen: Blüten in vielen Farben, groß, meist tellerförmig, Hauptblüte im Frühsommer, Nachblüte im August/September; rankende Kletterpflanze; gefiederte Blätter
Standort: sonnig bis halbschattig
Pflegen: gleichmäßig feucht halten; im Frühjahr Langzeitdünger geben, im Juli nachdüngen; Überwinterung draußen mit Winterschutz; leichter Rückschnitt im Spätherbst oder Frühjahr, Triebe um etwa 20 cm einkürzen
Vermehren: entfällt, da veredelt
Gestaltung: attraktive Kletterpflanze für Pergola, Spaliere und Fassaden
Arten/Sorten: Schöne Sorten sind z. B. 'Lasurstern' (Blüten blau), 'Mme. Le Coultre' (weiß), 'Nelly Moser' (hellrosa mit dunkleren Streifen), 'The President' (dunkel blauviolett); spät blühende Hybriden → Seite 146.
Hinweis: Die Pflanzen enthalten hautreizende Stoffe.

Die Pflanzen im Porträt

Höhe:
bis 3 m
Blütezeit:
Juni/Juli – Sept.

sommergrüner Kletterstrauch

Clematis-Hybriden
Waldrebe, spät blühend

Familie: Hahnenfußgewächse *(Ranunculaceae)*
Herkunft: Ostasien und Europa
Aussehen: Blüten in vielen Farben, auch mehrfarbig, groß, meist tellerförmig, einfach oder gefüllt; rankende Kletterpflanze; gefiederte Blätter
Standort: sonnig bis halbschattig
Pflegen: wie früh blühende Waldreben (→ Seite 145), jedoch Schnitt im Spätwinter oder Vorfrühling, dabei kräftig (auf 20–50 cm) zurückschneiden
Vermehren: entfällt, da veredelt
Gestaltung: Vor der Blütenwand einer Waldrebe wirken gelb blühende Kübelpflanzen oder Topfgehölze wie Roseneibisch oder Fingerstrauch besonders schön.
Arten/Sorten: hübsche, für die Kübelhaltung besonders geeignete Sorten sind 'Ernest Markham' (magentarot), 'Jackmanii' (dunkelviolett), 'Rhapsody' (blau), 'Rütel' (dunkelrot), 'Ville de Lyon' (karminrot)
Hinweis: Die Pflanzen enthalten hautreizende Stoffe.

KÜBELPFLANZEN

Höhe:
1–3 m
Blütezeit:
Mai – Juni

immergrüner Baum

Cupressus macrocarpa
Kalifornische Zypresse

Familie: Zypressengewächse *(Cupressaceae)*
Herkunft: Kalifornien
Aussehen: Blüten grünlich gelb, unscheinbar, in Topfkultur selten; Wuchs schlank, aufrecht, mit schuppenförmigen, frischgrünen Nadeln; die verbreitete Sorte 'Goldcrest' ist goldgelb benadelt
Standort: hell, aber nicht prallsonnig, bis halbschattig; möglichst etwas windgeschützt
Pflegen: gleichmäßig leicht feucht halten; bis August alle 3–4 Wochen düngen; schnittverträglich; toleriert etwas Frost, kann spät eingeräumt werden; Überwinterung hell, bei 5–10 °C, im Winterquartier gelegentlich gießen, aber nicht allzu feucht halten
Gestaltung: hübscher Begleiter für blühende Kübelpflanzen, überzeugt aber auch in Einzelstellung
Arten/Sorten: Eine weitere für die Kübelhaltung geeignete Art ist die in Aussehen und Pflege ähnliche Mittelmeerzypresse (*C. sempervirens* var. *sempervirens*).

Die Pflanzen im Porträt

Höhe:
1–2 m
Blütezeit:
entfällt

immergrüner Schopfbaum

Cycas revoluta

Palmfarn

Familie: Palmfarngewächse *(Cycadaceae)*
Herkunft: Südjapan
Aussehen: Blüten nur an älteren Exemplaren, nadelgehölzähnlich; Wuchs breit horstartig mit dicht stehenden langen, leicht überhängenden, farnartig gefiederten Wedeln; die Pflanze wächst sehr langsam
Standort: am besten halbschattig, auch schattig; regengeschützter Platz
Pflegen: erst gießen, wenn oberste Erdschicht abgetrocknet ist, aber Ballen nicht ganz austrocknen lassen; bis August alle 4 Wochen schwach dosiert düngen; verträgt kurzfristig leichten Frost, hell überwintern, bei 12–15 °C unterbringen, fast trocken halten
Vermehren: durch Samen möglich, aber langwierig und schwierig
Gestaltung: herrlicher Hintergrund für auffällig blühende Kübelpflanzen und Topfgehölze, attraktive Blattschmuckpflanze für den Schatten

KÜBELPFLANZEN

Höhe:
0,3–0,6 m
Blütezeit:
*je nach Art
April – Juli*

sommergrüne Kleinsträucher

Cytisus, Chamaecytisus, Genista
Ginster, Geißklee

Familie: Schmetterlingsblütler *(Fabaceae)*
Herkunft: Mittel- und Südeuropa
Aussehen: Blüten gelb, bei *C. purpureus* purpurrosa bis violett; buschiger oder kriechender Wuchs
Standort: sonnig
Pflegen: nur leicht feucht halten; wenig düngen; bei nachlassender Blühfreude einen Teil der Triebe zurückschneiden; Überwinterung draußen mit Winterschutz
Vermehren: durch Stecklinge
Gestaltung: für breite Töpfe oder Tröge, schön mit Staudenunterpflanzung
Arten/Sorten: Für Pflanzgefäße eignen sich vor allem die kriechenden bis niederliegenden Arten des Geißklee *(Cytisus)* wie Kissenginster (*C. decumbens*; gelbe Blüten), Kriechginster (*C. x beanii*; gelb) oder Elfenbeinginster (*C. x kewensis*; weißgelb); außerdem Lydischer Ginster (*Genista lydia*; gelb) und der buschige, recht niedrige Purpurginster (*Chamaecytisus purpureus*; purpurn).

Die Pflanzen im Porträt

Höhe:
2–3 m
Blütezeit:
entfällt

*immergrüne
Großstaude*

Ensete ventricosum

Zierbanane

Familie: Bananengewächse *(Musaceae)*
Herkunft: Süd- und Ostafrika
Aussehen: Blüten gelblich, erscheinen bei Kübelhaltung sehr selten; palmenartiger Wuchs mit hohem Scheinstamm; bis 3 m lange, breit ovale Blätter, teils mit rötlicher Mittelrippe
Standort: sonnig (auch vollsonnig) bis halbschattig; möglichst windgeschützt
Pflegen: hoher Wasserbedarf, gleichmäßig feucht, aber nicht nass halten; bis August wöchentlich düngen; Überwinterung so hell wie möglich, bei 10–15 °C; bei lichtärmerem Quartier vor dem Einräumen bis auf Herzblätter zurückschneiden und bei 10 °C halten, wenig gießen, keinesfalls ins „Herz", sonst stirbt die Pflanze ab
Vermehren: durch Samen, Januar – April, bei 20–25 °C
Gestaltung: eindrucksvolle Blattpflanze mit tropischem Flair, für Einzelstellung oder als Kulisse für prächtig blühende Arten sehr gut geeignet; auf großen Terrassen herrlich mit Engelstrompete, Enzianbaum oder Trompetenwein

KÜBELPFLANZEN

Höhe:
1,5–3 m
Blütezeit:
Sept. – Nov.

immergrüner Baum/Strauch

Eriobotrya japonica
Wollmispel

Andere Namen: Loquate
Familie: Rosengewächse *(Rosaceae)*
Herkunft: China, Japan
Aussehen: kleine, weiße, in Rispen stehende, duftende Blüten, daraus entwickeln sich im Frühjahr gelborange Früchte; regelmäßiger Blüten- und Fruchtansatz nur im Wintergarten; Wuchs buschig verzweigt; bis 30 cm lange, länglich eiförmige, glänzend dunkelgrüne Blätter, diese sind unterseits grauweiß bis rötlich „bewollt"
Standort: sonnig bis halbschattig; regengeschützt
Pflegen: mäßig feucht halten; alle 2 Wochen düngen; verträgt etwas Frost, kann spät eingeräumt werden, Überwinterung hell, bei etwa 10 °C, notfalls auch wärmer, oder aber dunkel bei 5 °C, dann jedoch fast trocken halten
Vermehren: ganzjährig durch Samen oder – das ist etwas schwieriger – durch halbreife Stecklinge
Gestaltung: bringt mit ihrem dunklen Laub davor platzierte Blüher besonders schön zur Geltung

Die Pflanzen im Porträt

Höhe:
1–2 m
Blütezeit:
Juli – Sept.

sommergrüner Strauch

Erythrina crista-galli

Korallenstrauch

Familie: Schmetterlingsblütler *(Fabaceae)*
Herkunft: Südamerika
Aussehen: große, kräftig korallenrote Schmetterlingsblüten in langen, teils überhängenden Trauben; Wuchs buschig, locker aufgebaut, Triebe oft bedornt; hübsch gefiedertes Laub
Standort: sonnig, gern auch vollsonnig
Pflegen: im Sommer kräftig gießen; bis August alle 2 Wochen düngen; Überwinterung dunkel, bei 5–8 °C, vor dem Einräumen die eintrocknenden Triebe dicht am Stamm oder auf 4 Augen zurückschneiden, im Frühjahr ab dem Neuaustrieb heller und wärmer stellen, gießen
Vermehren: durch Stecklinge oder Aussaat im Frühjahr
Gestaltung: entfaltet im Verein mit anderen „Südamerikanern", z. B. Engelstrompete, Gewürzrinde oder Palmlilie, in schönen Sommern eine tropisch anmutende Pracht; passt sehr schön auch zu Palmen
Hinweis: Der Korallenstrauch blüht bei guter Pflege jedes Jahr reicher, sofern der Sommer nicht verregnet ist.

KÜBELPFLANZEN

Höhe:
2–3 m
Blütezeit:
unterschiedlich

immergrüner Baum

Eucalyptus-Arten
Eukalyptus

Familie: Myrtengewächse *(Myrtaceae)*
Herkunft: Australien
Aussehen: Blüten bei *E. ficifolia* im Sommer, Büschel aus roten Staubfäden; bei *E. gunnii* im Herbst, cremefarben; bei anderen Arten im Kübel selten; Wuchs einstämmig oder buschig verzweigt mit graugrünen Blättern, die bei Zerreiben aromatisch duften
Standort: vollsonnig bis halbschattig
Pflegen: im Sommer kräftig gießen, aber Staunässe möglichst vermeiden; nur gelegentlich düngen; Überwinterung hell, bei 5–10 °C, ältere Pflanzen vertragen leichten Frost
Vermehren: durch Aussaat im Frühjahr (Lichtkeimer)
Gestaltung: sehr schön als Hintergrund für blühende Kübelpflanzen und Topfgehölze
Arten/Sorten: langsam wachsend sind *E. gunnii* (silbrig blaue, anfangs runde, im Alter lanzettliche Blätter) und *E. citriodora* (lanzettliche Blätter mit Zitronenduft); raschwüchsig sind *E. globulus* (Blaugummibaum) und *E. ficifolia*

Die Pflanzen im Porträt

Höhe:
0,3–1 m
Blütezeit:
Mai – Okt.

immergrüner Halbstrauch

Euryops chrysanthemoides
Gelbe Strauchmargerite

Andere Namen: Goldmargerite
Familie: Korbblütler *(Asteraceae)*
Herkunft: Südafrika
Aussehen: gelbe, lang gestielte Korbblüten mit orangegelber Mitte; wächst buschig verzweigt mit stark gefiederten, dunkelgrünen Blättern
Standort: sonnig, gern auch vollsonnig
Pflegen: gleichmäßig feucht halten; bis August alle 2 Wochen düngen; abgeblühte Stiele regelmäßig herausschneiden; kann im Frühjahr durch Rückschnitt (um etwa 1/3 bis zur Hälfte) in Form gebracht werden; Überwinterung hell, bei 5–10 °C
Vermehren: durch halbreife Kopfstecklinge im Sommer
Gestaltung: bringt Farbe in Kübelpflanzensammlungen; lässt sich aufgrund der bescheidenen Wuchshöhe auch gut auf dem Balkon verwenden; hübscher Begleiter für kräftig rosa oder rote Topfrosen, am schönsten zusammen mit Lavendel
Hinweis: ist der meist weiß blühenden Strauchmargerite (→ Seite 129) sehr ähnlich

KÜBELPFLANZEN

Höhe:
3–6 m
Blütezeit:
Juli – Okt.

sommergrüner Kletterstrauch

Fallopia baldschuanica
Schlingknöterich

Andere Namen: oft noch unter dem früheren botanischen Namen *F. aubertii* bekannt
Familie: Knöterichgewächse *(Polygonaceae)*
Herkunft: Zentralasien
Aussehen: Blüten weiß bis zartrosa, klein, in langen, hängenden Rispen, duftend; schnellwüchsige Schlingpflanze; herzförmige Blätter
Standort: sonnig bis halbschattig; auch im Schatten, dann aber spärlich blühend
Pflegen: im Sommer reichlich gießen, aber nicht dauernass halten; bis August alle 2 Wochen düngen; sehr stabile Kletterhilfe nötig; im Frühjahr auslichten, radikaler Rückschnitt möglich und alle 3–5 Jahre empfehlenswert; Regenrinnen, Fallrohre u. Ä. regelmäßig freischneiden; Überwinterung draußen, mit Winterschutz
Vermehren: durch Stecklinge
Gestaltung: begrünt schnell und attraktiv Fassaden, Klettergerüste, Zäune und Pergolen

Die Pflanzen im Porträt

Höhe:
1–2,5 m
Blütezeit:
(Mai–)Sept.

sommergrüner Baum

Ficus carica
Echte Feige

Andere Namen: Feigenbaum
Familie: Maulbeergewächse *(Moraceae)*
Herkunft: Südwestasien, Südeuropa
Aussehen: krugförmige Blütenstände, aus denen sich unter günstigen Bedingungen im Frühjahr oder Spätsommer Früchte entwickeln; Wuchs strauchartig oder kurzstämmig mit breiter Krone; große, kräftig grüne, mehrlappige, ledrige Blätter
Standort: sonnig; etwas geschützt
Pflegen: im Sommer reichlich gießen; bis August wöchentlich düngen; Rückschnitt im Herbst möglich; Überwinterung möglichst hell, notfalls auch dunkel, bei 2–8 °C; vertragen etwas Frost, spät einräumen und schon ab April ausräumen, zunächst leicht beschattet stellen
Vermehren: durch Kopfstecklinge, Schnitt im Spätsommer oder Frühjahr
Gestaltung: sorgt für mediterranes Flair, sehr schön z. B. mit Oleander, Rosmarin und Lavendel; wirkt aber auch alleine als sehr dekorative Blattschmuckpflanze

KÜBELPFLANZEN

Höhe: 1–1,5 m
Blütezeit: März – Aug.

immergrüner Strauch/Baum

Fortunella margarita

Kumquat

Familie: Rautengewächse *(Rutaceae)*
Herkunft: südliches China
Aussehen: Blüten weiß, sternförmig, schwach duftend, im Wintergarten fast ganzjährig; ovale, bei Reife orange Früchte mit recht gutem, fruchtigem Geschmack; buschiger Wuchs mit bedornten Trieben und ledrigen Blättern
Standort: sonnig; etwas wind- und regengeschützt
Pflegen: feucht, aber nicht nass halten; bis August wöchentlich düngen; möglichst nur kalkarmes Wasser, Zitrus-Substrat und -Spezialdünger verwenden; größere Pflanzen stützen; Überwinterung hell, bei 4–8 °C, wenig gießen, an frostfreien Tagen häufig lüften
Vermehren: durch Stecklinge im Frühjahr und Sommer oder durch Aussaat (einfacher)
Gestaltung: passt gut in Gestaltungen mit asiatischem Flair, z. B. mit Bambus und Roseneibisch
Hinweis: Der Kumquat wirkt wie eine robuste Ausgabe der nah verwandten *Citrus*-Arten (→ Seite 144).

Die Pflanzen im Porträt

Höhe:
0,5–2 m
Blütezeit:
Mai – Okt.

sommergrüner Strauch

Fuchsia-Hybriden
Fuchsie

Familie: Nachtkerzengewächse *(Onagraceae)*
Herkunft: Süd- und Mittelamerika, Neuseeland
Aussehen: trichterartige Blütenglöckchen in Rot, Rosa, Weiß, Blauviolett, oft zweifarbig, einfach, halb gefüllt oder gefüllt, in Trauben oder Rispen; Wuchs buschig oder mit überhängenden Trieben als Hochstämmchen
Standort: bevorzugt halbschattig oder hell ohne direkte Sonne, auch schattig; windgeschützt
Pflegen: gleichmäßig feucht halten; bis August wöchentlich düngen; Verblühtes entfernen; Überwinterung hell oder dunkel, bei 6–8 °C, bei dunklem Stand eher etwas kühler, im Frühjahr, wenn nötig, zurückschneiden, kräftige Vorjahrstriebe auf 1–3 Knospen kürzen
Vermehren: durch Stecklinge, Schnitt im Frühjahr oder im Spätsommer
Gestaltung: als Hochstämmchen besonders reizvoll
Hinweis: Niedrige Fuchsien-Sorten eignen sich für Balkonkästen (→ Seite 67).

KÜBELPFLANZEN

Höhe: 0,5–0,8 m
Blütezeit: Mai – Juni

immergrüner Kleinstrauch

G

Gaultheria mucronata

Topfmyrte

Andere Namen: botanisch auch *Pernettya mucronata*
Familie: Heidekrautgewächse *(Ericaceae)*
Herkunft: Chile
Aussehen: Blüten weißlich bis rosa, krugförmig; ab August zahlreiche kugelige Beeren, je nach Sorte rot, rosa oder weiß, lange haftend, Beeren wie alle anderen Pflanzenteile leicht giftig; wächst breitbuschig, aufrecht; glänzend dunkelgrüne Blättchen
Standort: halbschattig bis schattig
Pflegen: kalkempfindlich, in mit Sand vermischte Rhododendronerde pflanzen; mit weichem Wasser nur leicht feucht halten; bis August alle 2 Monate düngen (Rhododendrondünger); Rückschnitt alle 2–3 Jahre fördert kompakten Wuchs; Überwinterung draußen mit gutem Schutz, in rauen Lagen besser drinnen, hell, bei 5–10 °C
Vermehren: durch Stecklinge
Gestaltung: wird als junge Pflanze gern in gemischten Winterkästen verwendet, z. B. mit Zwergnadelgehölzen

Die Pflanzen im Porträt

Höhe:
bis 0,2 m
Blütezeit:
Juni – Juli

immergrüner Zwergstrauch

Gaultheria procumbens

Scheinbeere

Andere Namen: Rebhuhnbeere, Teppichbeere
Familie: Heidekrautgewächse *(Ericaceae)*
Herkunft: Kanada, Nordamerika
Aussehen: weiße bis hellrosa, krugförmige Blüten; ab September rote, kugelige Beeren, lange haftend, wie die ganze Pflanze leicht giftig; Wuchs horstartig, flach ausgebreitet; glänzend dunkelgrüne Blättchen, über Winter rötlich bronzefarben
Standort: halbschattig bis schattig
Pflegen: kalkempfindlich, braucht Rhododendronerde (mit Sand vermischt) und -dünger, enthärtetes Wasser oder Regenwasser; nur leicht feucht halten; bis August alle 2 Monate düngen; Schnitt auf Entfernen störender Triebe beschränken; draußen überwintern, vor starken Frösten schützen (Wurzelbereich)
Vermehren: durch Teilung oder Aussaat im Frühjahr
Gestaltung: schmucker Partner für Zwergnadelgehölze und Schneeheide in Herbst- und Winterbepflanzungen, als junge Pflanze auch in gemischten Kästen

KÜBELPFLANZEN

Höhe:
0,3–0,6 m
Blütezeit:
Aug. – Sept.

immergrüner Strauch

H

Hebe x andersonii
Strauchveronika

Familie: Braunwurzgewächse *(Scrophulariaceae)*
Herkunft: Neuseeland
Aussehen: kleine Röhrenblüten in Blauviolett, Rot oder Weiß, in Ähren oder Trauben; Wuchs buschig; hübsche, schmal eiförmige oder rundliche, glänzend dunkelgrüne, ledrige Blätter, bei der Sorte 'Variegata' hell gefleckt
Standort: bevorzugt hell, aber nicht in praller Sonne; etwas wind- und regengeschützt
Pflegen: gleichmäßig feucht halten, Staunässe unbedingt vermeiden; bis August alle 2 Wochen schwach dosiert düngen; wenn nötig, im Frühjahr durch Entfernen oder Rückschnitt älterer Triebe auslichten; Überwinterung hell, bei 8–10 °C
Vermehren: durch Kopfstecklinge im Sommer; Jungpflanzen mehrmals entspitzen
Gestaltung: Schön sind Kombinationen mit Silberblatt, Topfheide, Herbstzeitlosen oder immergrünen Zwerggehölzen, in Kübeln und großen Kästen. Wirkt den Sommer über als hübsche Blattschmuckpflanze.

Die Pflanzen im Porträt

Höhe: *bis 5 m*
Blütezeit: *Sept.*

immergrüner Kletterstrauch

Hedera helix
Efeu

Familie: Efeugewächse *(Araliaceae)*
Herkunft: West- und Mitteleuropa
Aussehen: Blüten gelbgrün, nur an älteren Exemplaren, daraus entstehen schwarze Beeren (sehr giftig!); klettert mit Haftwurzeln, wächst auch kriechend oder hängend; drei- bis fünflappige Jugendblätter, rautenförmige Altersblätter, Sorten mit hell gemustertem Laub
Standort: sonnig bis schattig
Pflegen: mäßig feucht halten; im April/Mai Langzeitdünger geben; Rückschnitt möglich, am besten Ende Juni; Überwinterung draußen mit Winterschutz
Vermehren: durch Stecklinge von jungen Trieben mit Haftwurzeln
Gestaltung: besonders wertvoll für schattige Plätze; junge Pflanzen auch in Kästen und Ampeln
Hinweis: Vorsicht, die Haftwurzeln können bei nicht ganz intaktem Putz Fassaden beschädigen, besser an Gerüst klimmen lassen.

KÜBELPFLANZEN

Höhe:
1–2 m
Blütezeit:
März – Okt.

immergrüner Strauch

Hibiscus rosa-sinensis
Chinesischer Roseneibisch

Familie: Malvengewächse *(Malvaceae)*
Herkunft: Ostasien
Aussehen: große, trichterartige Blüten in Gelb, Orange, Rot, Rosa oder Weiß, mit langer Staubblattröhre, einfach oder gefüllt; Wuchs breitbuschig; glänzend dunkelgrüne Blätter
Standort: hell, aber keine pralle Mittagssonne; wind- und regengeschützt
Pflegen: feucht halten, aber Staunässe unbedingt vermeiden; bis August wöchentlich düngen; verwelkte Blüten und Blätter entfernen; Hochstämmchen stützen; ältere Exemplare im Frühjahr um etwa die Hälfte zurückschneiden; Überwinterung hell, bei 12–16 °C, zurückhaltend gießen
Vermehren: durch Stecklinge im Mai
Gestaltung: wirkt als Busch wie als Kronenbäumchen (Hochstämmchen) sehr attraktiv
Hinweis: möglichst wenig umstellen, reagiert auf Standortwechsel häufig mit Knospenfall, ebenso auf sehr ungleichmäßiges Gießen

Die Pflanzen im Porträt

Höhe: bis 5 m
Blütezeit: Juni – Juli

sommergrüner Kletterstrauch

Hydrangea anomala ssp. *petiolaris*

Kletterhortensie

Familie: Hortensiengewächse *(Hydrangeaceae)*
Herkunft: Ostasien
Aussehen: weiße Blüten in bis 20 cm großen, schirmartigen Doldentrauben, erscheinen frühestens 2 Jahre nach der Pflanzung; mit Haftwurzeln kletternd, wächst anfangs langsam, etwa ab dem dritten Jahr dann deutlich zügiger; herzförmige, glänzend grüne Blätter
Standort: am besten halbschattig, auch schattig oder hell ohne pralle Mittagssonne
Pflegen: stets feucht halten, mit enthärtetem Wasser gießen; bis August alle 2 Wochen düngen; nach der Blüte überalterte Triebe entfernen; Rückschnitt nicht erforderlich, aber bei Bedarf möglich; Klettergerüst trotz Haftwurzeln empfehlenswert; Überwinterung draußen, bei starkem Frost Wurzelbereich schützen
Vermehren: durch Stecklinge im Sommer
Gestaltung: sehr attraktiv an Wänden und Pergolen, außerhalb der Blütezeit hübscher Blattschmuck

KÜBELPFLANZEN

Höhe: 0,5–1,5 m
Blütezeit: Mai – Juli

sommergrüner Strauch

Hydrangea macrophylla

Hortensie

Andere Namen: Bauernhortensie
Familie: Hortensiengewächse *(Hydrangeaceae)*
Herkunft: Japan, Korea
Aussehen: halbkugelige, ball- oder tellerförmige Blütenstände in Rosa, Rot, Blau oder Weiß; H.-Hybriden blühen bis September; Wuchs breitbuschig, aufrecht
Standort: halbschattig
Pflegen: gut feucht, aber nicht nass halten, nur mit enthärtetem Wasser gießen; bis August alle 2 Wochen Rhododendrondünger geben; verwelkte Blüten regelmäßig entfernen; in Rhododendronerde topfen; Überwinterung hell oder dunkel, bei 2–8 °C; verträgt etwas Frost
Vermehren: durch Stecklinge im Frühsommer
Gestaltung: aparter Blüher für den Halbschatten, wirkt je nach Gefäß und Begleitern nobel oder ländlich-rustikal
Hinweis: Die Blütenfärbung hängt auch vom Säuregrad des Substrats ab: Blaufärbung, wenn stark sauer, Rosafärbung, wenn schwach sauer.

Die Pflanzen im Porträt

Höhe:
1–2 m
Blütezeit:
Mai – Okt.

halbimmer-
grüner
Strauch

Iochroma cyaneum

Veilchenstrauch

Familie: Nachtschattengewächse *(Solanaceae)*
Herkunft: Mittel-, Südamerika
Aussehen: Blüten violett, blau oder rot, schmale, lange Röhren in Büscheln; wächst etwas sparrig, wenig verzweigt, mit langen, recht brüchigen Trieben; große, schmal elliptische, kräftig grüne Blätter, die bei kühlen Wintertemperaturen abgeworfen werden
Standort: sonnig bis halbschattig; windgeschützt
Pflegen: gleichmäßig gut feucht halten; bis August wöchentlich düngen; Triebe an Stäben oder Gerüst hochleiten; junge Pflanzen entspitzen; Überwinterung hell oder dunkel, bei 5–12 °C, vor dem Einräumen oder im März zurückschneiden; bei Blattfall über Winter fast trocken halten
Vermehren: durch krautige Stecklinge im Sommer
Gestaltung: schmuck als Hochstämmchen; passt gut in Gruppen mit anderen tropischen Gewächsen, wie etwa Gewürzrinde, Engelstrompete, Blumenrohr oder Palmen; kann auch an einem Spalier an der Hauswand hochgezogen werden

KÜBELPFLANZEN

Höhe:
0,5–2,5 m
Blütezeit:
je nach Art

Sträucher, meist immergrün

Jasminum-Arten

Jasmin

Familie: Ölbaumgewächse *(Oleaceae)*
Herkunft: Ostasien
Aussehen: Blüten weiß oder gelb, röhrenförmig, oft intensiv duftend; wachsen schlingend und kletternd mit langen dünnen Trieben, recht schnellwüchsig; glänzend grüne, eiförmige oder runde Blätter, teils gefiedert
Standort: sonnig, aber keine pralle Mittagssonne, oder halbschattig; etwas wind- und regengeschützt
Pflegen: gleichmäßig feucht halten; alle 2 Wochen düngen; Rückschnitt gut möglich; häufig umtopfen; Überwinterung der meisten Arten hell, bei 5–10 °C
Vermehren: durch halbreife Stecklinge im Sommer
Gestaltung: Kletterpflanzen mit herrlichem Duft
Arten/Sorten: Es gibt zahlreiche Arten, die gelegentlich angeboten werden. Wohl am häufigsten findet man *J. mesnyi* (gelbe Blüten im März – Mai, Nachblüte im Sommer) und *J. polyanthum* (weiß, Mai – August/Sept.); siehe auch Winterjasmin (→ Seite 168).

Die Pflanzen im Porträt

Höhe:
1–3 m
Blütezeit:
Jan. – März/April

sommergrüner, langtriebiger Strauch

Jasminum nudiflorum

Winterjasmin

Familie: Ölbaumgewächse *(Oleaceae)*
Herkunft: Westchina
Aussehen: Blüten gelb, sternförmig, erscheinen vor dem Blattaustrieb; kletternder Wuchs als Spreizklimmer (die rutenartigen Triebe verspreizen sich an geeigneter Unterlage), andernfalls hängend; dunkelgrüne Blätter
Standort: am besten hell, aber geschützt vor intensiver Spätwintersonne, auch halbschattig
Pflegen: mäßig feucht halten; nach der Blüte Langzeitdünger geben; Triebe aufbinden; alle 2–3 Jahre nach der Blüte durch Herausschneiden älterer Triebe auslichten; Überwinterung draußen, bei starkem Frost Wurzelbereich schützen
Vermehren: durch Stecklinge im Sommer
Gestaltung: mit den gelb leuchtenden Blüten an nackten Zweigen eine aparte Winterzierde; mit kleinen Frühjahrsblühern wie Krokussen, Schneeglöckchen und Blausternchen unterpflanzt, eine wahre Augenweide; die Blumenzwiebeln können Sie schon im Herbst in den Kübel stecken

KÜBELPFLANZEN

Höhe: 0,2–1 m
Blütezeit: entfällt

immergrünes Nadelgehölz

Juniperus-Arten in Sorten

Zwergwacholder

Familie: Zypressengewächse *(Cupressaceae)*
Herkunft: Europa, Ostasien
Aussehen: säulenförmiger bis flach ausgebreiteter Wuchs; schmale, stechende Nadeln
Standort: sonnig
Pflegen: gleichmäßig feucht halten; im Frühjahr Langzeitdünger geben, bei größeren Exemplaren im Juni/Juli nachdüngen (mit Koniferendünger); Überwinterung draußen, bei starkem Frost Wurzelbereich gut schützen
Vermehren: entfällt, da oft veredelt
Gestaltung: eignen sich gut, um im Sommer kleine Gruppen blühender Kübelpflanzen aufzulockern; hübsche Nadelgehölze für Winter- und Dauerbepflanzungen
Arten/Sorten: Auswahl: *J. chinensis* 'Plumosa Aurea' (buschig, gelbnadelig), *J. communis* 'Meyer' (säulenförmig, silbrig grün), 'Repanda' (breit polsterartig, silbrig grün), *J. procumbens* 'Nana' (kissenartig, blaugrün), *J. squamata* 'Blue Star' (breit rundlich, silbrig blau)

Die Pflanzen im Porträt

Höhe:
 1–3 m
Blütezeit:
Ende Juli –
Okt.

sommergrüner Strauch/
Baum

Lagerstroemia indica

Kreppmyrte

Andere Namen: Lagerströmie, Kräuselmyrte
Familie: Weiderichgewächse *(Lythraceae)*
Herkunft: China, Korea
Aussehen: Blüten rosa, rot oder weiß, in kegelförmigen, fliederähnlichen Rispen; wächst aufrecht mit kräftigen Trieben; eiförmige, dunkelgrüne Blätter
Standort: gern vollsonnig; möglichst warm, etwas geschützt
Pflegen: gleichmäßig feucht halten, bei Ballentrockenheit Knospenabwurf; alle 3–4 Wochen düngen; im Herbst kräftig zurückschneiden und auslichten; verträgt etwas Frost, kann spät eingeräumt werden; Überwinterung dunkel, bei 4–8 °C, fast trocken halten; im Frühjahr zeitig hell und wärmer stellen
Vermehren: durch Aussaat oder halbreife Kopfstecklinge im Sommer
Gestaltung: sehr ansprechend als Hochstämmchen, wirkt aber auch in Strauchform attraktiv; genügend Platz reservieren, da recht breitwüchsig; lässt sich als Hochstämmchen schön unterpflanzen, z. B. mit Männertreu oder Duftsteinrich

KÜBELPFLANZEN

Höhe: 0,3–1,5 m
Blütezeit: Juni – Okt.

immergrüner Strauch

Lantana camara
Wandelröschen

Familie: Eisenkrautgewächse *(Verbenaceae)*
Herkunft: Mittel- und Südamerika
Aussehen: Blüten in Köpfchendolden, verändern meist ihre Farbe, z. B. von Rosa nach Rot oder Gelb nach Orange; auch Sorten mit weißen, rosa oder violetten Blüten, teils mit gelbem Auge; buschiger Wuchs, mit teils überhängendenden Blütentrieben; eiförmige, dunkelgrüne, runzelige Blätter
Standort: sonnig
Pflegen: gleichmäßig feucht halten; bis August alle 2 Wochen düngen; Verblühtes regelmäßig entfernen, ebenso die grünen Beeren, falls erscheinend; gut schnittverträglich; Überwinterung hell, nach Rückschnitt im Herbst auch dunkel, bei 6–10 °C, fast trocken halten, Triebe vor dem Einräumen oder im Frühjahr um die Hälfte zurückschneiden
Vermehren: durch Stecklinge im Frühjahr
Gestaltung: sehr reizvoll als Hochstämmchen; gelbrote Sorten schön neben blau-violettem Enzianbaum; noch junge Pflanzen auch für Balkonkästen geeignet

Die Pflanzen im Porträt

Höhe:
1–2 m
Blütezeit:
April – Mai

immergrüner Strauch/ Baum

Laurus nobilis
Lorbeerbaum

Familie: Lorbeergewächse *(Lauraceae)*
Herkunft: Mittelmeerraum
Aussehen: Blüten grünlich gelb, unscheinbar; wächst aufrecht, dichtbuschig und langsam; elliptische, dunkelgrün glänzende, ledrige Blätter
Standort: bevorzugt sonnig, gedeiht aber auch im Halbschatten oder Schatten
Pflegen: gleichmäßig feucht halten; bis August alle 1–2 Wochen düngen; bei Formschnitt im Spätsommer oder Frühjahr nicht scheren, sondern Triebe einzeln einkürzen; spät einräumen, verträgt etwas Frost; Überwinterung hell, notfalls dunkel, bei 0–6 °C, wenig gießen, kann schon Mitte April nach draußen
Vermehren: durch Stecklinge, doch Anzucht langwierig
Gestaltung: wird oft als Pyramide oder Kugelbäumchen erzogen, ist aber auch ungeschnitten attraktiv
Hinweis: Die Lorbeerblätter kann man getrocknet als Gewürz verwenden.

KÜBELPFLANZEN

Höhe:
0,3–0,9 m
Blütezeit:
Juni – Aug.

immergrüner Halbstrauch

Lavandula angustifolia
Lavendel

Familie: Lippenblütler *(Lamiaceae)*
Herkunft: Mittelmeerraum
Aussehen: blauviolette, weiße oder rosafarbene kleine Lippenblüten in schlanken Ähren, aromatisch duftend; Wuchs aufrecht, buschig; schmal linealische, silbergraue Blätter, herbwürzig duftend
Standort: möglichst vollsonnig; warm
Pflegen: nur bei anhaltender Trockenheit gießen; Triebe im Frühjahr um 1/3 einkürzen; nur alle paar Jahre nach dem Rückschnitt düngen; liebt kalkhaltiges Substrat; Überwinterung draußen mit Winterschutz, bei starken Frösten drinnen hell und kühl unterbringen
Vermehren: durch Kopfstecklinge im Sommer, die reine Art auch durch Aussaat im Frühjahr
Gestaltung: Der Lavendel ist auch im Topf ein passender, attraktiver Rosenbegleiter; er fügt sich außerdem sehr gut in mediterrane Arrangements, Kräuter-Ensembles und Duftpflanzen-Kombinationen ein.

Die Pflanzen im Porträt

Höhe:
0,3–2 m
Blütezeit:
Mai – Juni

immergrüner Baum/Strauch

Leptospermum scoparium
Südseemyrte

Familie: Myrtengewächse *(Myrtaceae)*
Herkunft: Australien, Neuseeland
Aussehen: zahlreiche kleine Blüten in Rosa, Rot oder Weiß, einfach oder gefüllt; dicht verzweigter Wuchs; nadelartige Blätter, je nach Sorte grün, blaugrün oder bronzefarben, duften beim Zerreiben aromatisch
Standort: sonnig; warm
Pflegen: im Sommer reichlich gießen, aber Staunässe vermeiden, Trockenheit führt zu Blattfall; bis August alle 2 Wochen düngen; kalkempfindlich, deshalb nur enthärtetes Gießwasser, Rhododendrondünger und -substrat verwenden; Auslichten und leichter Rückschnitt gleich nach der Blüte; Überwinterung hell, bei 5–10 °C
Vermehren: durch Kopfstecklinge im Sommer oder Aussaat im Frühjahr
Gestaltung: passt schön zu Eukalyptus und Zylinderputzer, die ebenfalls in Australien beheimatet sind; wird auch als Stämmchen gezogen

KÜBELPFLANZEN

Höhe:
0,5–1,2 m
Blütezeit:
Juni – Aug.

Zwiebel-
pflanze

Lilium-Hybriden und -Arten
Lilie

Familie: Liliengewächse *(Liliaceae)*
Herkunft: Asien, Amerika, Europa
Aussehen: Blüten in Gelb-, Orange-, Rosa- und Rottönen oder weiß, trichter-, trompeten- oder schalenförmig; straff aufrechter Wuchs mit kräftigen Stängeln
Standort: sonnig; Feuerlilie und Türkenbundlilie auch halbschattig
Pflegen: gut feucht halten, aber Staunässe unbedingt vermeiden; im Frühjahr Langzeitdünger geben; verwelkte Blüten abschneiden, stützen; im Spätherbst verwelkte Stängel ganz zurückschneiden und dunkel, bei 0–5 °C überwintern, nicht ganz austrocknen lassen, bei Austrieb hell stellen
Vermehren: durch Aussaat oder Abnehmen und Einpflanzen von Zwiebelschuppen oder Brutzwiebeln
Gestaltung: sehr hübsch in blauen oder weißen Töpfen, schön mit blau oder violett blühenden Begleitern
Hinweis: Pflanzung von Zwiebeln im Herbst oder Frühjahr, 20 cm tief, 15–20 cm Abstand, gute Dränage nötig

Die Pflanzen im Porträt

Höhe:
bis 4 m
Blütezeit:
Mai – Juni
oder Juni –
Aug.

meist sommergrüne Klettersträucher

Lonicera-Arten

Geißblatt

Familie: Geißblattgewächse *(Caprifoliaceae)*
Herkunft: Europa, Nordamerika, Ostasien
Aussehen: röhrenförmige Blüten, je nach Sorte gelblich weiß bis rot, abends intensiv duftend; ab August rote oder schwarze giftige Beeren; Schlingpflanzen mit eiförmigen Blättern
Standort: halbschattig bis schattig
Pflegen: feucht halten; im Frühjahr Langzeitdünger geben; gelegentlich auslichten; Rückschnitt möglich; Überwinterung draußen, bei starkem Frost Wurzelbereich schützen
Vermehren: durch Stecklinge
Gestaltung: vielseitig einsetzbar, z. B. als Wandbegrünung, als Sichtschutz, an Zäunen und Pergola
Arten/Sorten: Blütezeit Mai – Juni: Jelängerjelieber *(L. caprifolium)* und Waldgeißblatt *(L. periclymenum)* bei beiden Blüten gelblich weiß, rötlich überhaucht; Blütezeit Juni – August: *L.* x *heckrottii*, *L.* x *brownii* (beide orange bis rot), Goldgeißblatt *(L.* x *tellmanniana)* gelb, Immergrünes Geißblatt *(L. henryi)* gelblich rot

KÜBELPFLANZEN

Höhe:
1,5–2,5 m
Blütezeit:
Juli – Okt.

sommergrüner Strauch

Lycianthes rantonnetii

Enzianbaum

Andere Namen: früher botanisch als *Solanum* eingestuft
Familie: Nachtschattengewächse *(Solanaceae)*
Herkunft: Argentinien, Paraguay
Aussehen: Blüten blauviolett mit gelbem Auge; wächst dichtbuschig, mit teils überhängenden Trieben, auch kletternd, recht wuchs- und konkurrenzstark
Standort: sonnig bis halbschattig
Pflegen: im Sommer durchdringend gießen; bis August wöchentlich düngen; junge Pflanzen für buschigen Wuchs öfter stutzen; Überwinterung dunkel, bei 4–10 °C, vor dem Einräumen um die Hälfte zurückschneiden, im Winterquartier sehr wenig gießen
Vermehren: durch halbreife Stecklinge im Sommer
Gestaltung: besonders schmuck als Hochstämmchen mit Unterpflanzung, etwa mit roten Hängeverbenen oder Gelben Gänseblümchen
Hinweis: Wie eine weiß blühende Ausgabe des Enzianbaums wirkt das kletternde *Solanum jasminoides*.

Die Pflanzen im Porträt

Höhe:
2–5 m
Blütezeit:
Juni – Aug.

halbimmer-
grüner Klet-
terstrauch

Mandevilla laxa
Chilenischer Jasmin

Familie: Hundsgiftgewächse *(Apocynaceae)*
Herkunft: Bolivien, Argentinien
Aussehen: trompetenförmige Blüten, weiß, duftend, in Trauben; Schlingpflanze mit langen, verholzenden Trieben; eiförmige, glänzend dunkelgrüne Blätter (werden bei uns im Herbst meist abgeworfen)
Standort: sonnig
Pflegen: gut feucht halten; bis August wöchentlich düngen; an Stützen oder Klettergerüst aufleiten; verträgt etwas Frost, spät einräumen, zuvor mäßig einkürzen (dann im Frühjahr auslichten) oder auf 20 cm zurückschneiden; Überwinterung dunkel, bei 4–8 °C, nach Blattabwurf fast trocken halten
Vermehren: durch Aussaat oder halbreife Stecklinge
Gestaltung: aparte Blütenpflanze und zugleich dekorativer Blattschmuck; bildet, an einem Gerüst hochgezogen, eine attraktive Kulisse für andere Blüher
Hinweis: Die Triebe enthalten einen giftigen Milchsaft, deshalb Vorsicht beim Schnitt!

KÜBELPFLANZEN

Höhe:
0,5–1,5 m
Blütezeit:
Juni – Okt.

immergrüner Strauch

Myrtus communis

Brautmyrte

Familie: Myrtengewächse *(Myrtaceae)*
Herkunft: Mittelmeerraum
Aussehen: Blüten weiß, klein, sternförmig, duftend; zuweilen erscheinen blauschwarze Beeren (nicht giftig); wächst dicht buschig verzweigt und recht kompakt; kleine lanzettliche, kräftig dunkelgrüne Blätter (enthalten Giftstoffe), duften beim Zerreiben aromatisch
Standort: bevorzugt vollsonnig
Pflegen: gleichmäßig feucht halten, Ballentrockenheit wie Staunässe unbedingt vermeiden, möglichst kalkarmes Wasser verwenden; bis August wöchentlich düngen (Rhododendrondünger); in leicht saures Substrat topfen; junge Pflanzen häufig entspitzen; Überwinterung hell, bei 5–10 °C
Vermehren: durch Kopfstecklinge im Spätsommer oder zeitigen Frühjahr
Gestaltung: passt gut in mediterrane Gestaltungen, z. B. mit Oleander, Zitrusbäumchen und Rosmarin; lässt sich auch in Form schneiden oder als Hochstämmchen ziehen

Die Pflanzen im Porträt

Höhe:
1,5–2,5 m
Blütezeit:
Juni – Okt.

immergrüner Strauch

Nerium oleander
Oleander

Familie: Hundsgiftgewächse *(Apocynaceae)*
Herkunft: Mittelmeerraum
Aussehen: Blüten rosa, weiß, rot, gelb, apricot, einfach oder gefüllt, in doldenartigen Blütenständen, teils duftend; Wuchs locker verzweigt; lanzettliche, ledrige Blätter
Standort: bevorzugt vollsonnig, duldet aber auch etwas Beschattung; regengeschützt, vor allem gefüllte Sorten
Pflegen: reichlich gießen, Topfuntersetzer mit Wasser füllen; bis August wöchentlich düngen; zurückhaltend schneiden, da Blüten schon im Vorjahr angelegt sind, im Herbst oder Frühjahr gelegentlich kahle und zu lange Triebe entfernen; Überwinterung am besten hell, bei 4–8 °C, fast trocken, notfalls auch dunkel, oder wärmer (bis 15 °C), dann möglichst hell und häufiger gießen
Vermehren: durch Stecklinge im Sommer
Gestaltung: Terrakottakübel unterstreichen das mediterrane Flair; schön z. B. mit Bougainvillee und Feige
Hinweis: Vorsicht, alle Pflanzenteile sind sehr giftig!

KÜBELPFLANZEN

Höhe: 1,5–2 m
Blütezeit: Juli – Aug.

immergrüner Strauch

Olea europaea

Olivenbaum

Familie: Ölbaumgewächse *(Oleaceae)*
Herkunft: Mittelmeerraum
Aussehen: Blüten gelblich weiß, in Trauben, unscheinbar, leicht duftend; Wuchs anfangs oft sparrig, mit der Zeit und häufigem Stutzen buschiger; schmal lanzettliche, blaugrüne, unterseits silbrig behaarte Blätter
Standort: bevorzugt vollsonnig
Pflegen: mäßig feucht halten; bis August alle 2 Wochen düngen; alle 1–2 Jahre leichter Rückschnitt; Überwinterung hell oder dunkel, bei 2–10 °C, bei dunklem Stand Blattabwurf, dann fast trocken halten; ältere Pflanzen vertragen etwas Frost, spät ein- und ab April ausräumen
Vermehren: durch Stecklinge im Sommer oder Aussaat im Frühjahr
Gestaltung: attraktiv in Gruppen mit blühenden mediterranen Kübelpflanzen und Zitrusbäumchen
Hinweis: Selbstfruchtbare, veredelte Exemplare bringen Früchte hervor, die aber bei uns nicht immer ausreifen.

Die Pflanzen im Porträt

Höhe:
1–2 m
Blütezeit:
April – Okt.

immergrüner Kletterstrauch

Passiflora caerulea
Passionsblume

Familie: Passionsblumengewächse *(Passifloraceae)*
Herkunft: Südamerika
Aussehen: große Blüten mit weißen Kelch- und Kronblättern, darüber Strahlenkranz mit violett-weiß-blauen Ringzonen, Sorten mit Farbvarianten, bis 10 cm Durchmesser; rankende Triebe mit gelappten Blättern
Standort: sonnig; geschützt
Pflegen: im Sommer reichlich gießen, aber Staunässe unbedingt vermeiden; bis August wöchentlich düngen; Triebe stützen (Stäbe, Ringe im Topf oder an Gerüst hochleiten); vor dem Einräumen lange Triebe einkürzen, Überwinterung hell, bei 2–10 °C, fast trocken halten
Vermehren: durch Stecklinge im Frühjahr oder Aussaat
Gestaltung: Die aparte, großblütige Rankpflanze kommt im Einzelstand am besten zur Geltung.
Arten/Sorten: Sommeraufenthalt im Freien verträgt u. a. auch *P. edulis*, deren Früchte (Maracujas) in warmen Spätsommern ausreifen, sicherer jedoch im Wintergarten.

KÜBELPFLANZEN

Höhe: 1–3 m
Blütezeit: entfällt

immergrüner Schopfbaum

Phoenix canariensis
Kanarische Dattelpalme

Andere Namen: Phoenixpalme
Familie: Palmen *(Arecaceae)*
Herkunft: Kanarische Inseln
Aussehen: Blüten gelb, im Kübel jedoch sehr selten; wächst ausladend und schnell, kräftiger Stamm; große, fiederartige Palmwedel mit schmalen Blattabschnitten
Standort: sonnig, gern vollsonnig
Pflegen: hoher Wasserbedarf, aber Staunässe sowie Ballentrockenheit (verursacht braune Spitzen) unbedingt vermeiden; bis August alle 2–3 Wochen düngen; vertrocknete Wedel abschneiden; Überwinterung hell, bei 5–10 °C, fast trocken halten; beim Ausräumen im Mai zunächst beschattet aufstellen, erst nach etwa 2 Wochen dann vollsonnig
Vermehren: durch Aussaat im Frühjahr
Gestaltung: dekorative Palme, schon im Einzelstand ein Blickfang; bei genügend Platz wunderschön in kleiner Gruppe mit Engelstrompete, Zistrose oder Bougainvillee; lässt sich auch mit kleinen Sommerblumen unterpflanzen

Höhe:
1–2 m
Blütezeit:
Aug. – Sept.

immergrüne Staude

Phormium tenax
Neuseeländer Flachs

Familie: Phormiumgewächse *(Phormiaceae)*
Herkunft: Neuseeland
Aussehen: rötliche Blütenrispen an langem Schaft, erst an etwa 6 Jahre alten Exemplaren; horstartiger Wuchs; lange, schwertförmige Blätter, anfangs straff aufrecht, mit den Jahren überhängend, je nach Sorte grün, bronze oder mehrfarbig gestreift (rötlich, gelb und/oder weiß)
Standort: vollsonnig bis schattig
Pflegen: am sonnigen Platz reichlich, sonst mäßig gießen, keine Staunässe; bis August wöchentlich düngen; verträgt leichten Frost, spät einräumen; Überwinterung hell oder dunkel, bei 4–10 °C halten, wenig gießen, ab und zu vertrocknete Blätter entfernen
Vermehren: durch Teilung im Frühjahr
Gestaltung: sehr ansprechend in viereckigen Terrakottatöpfen, ältere Pflanzen wirken in halbierten Fässern besonders beeindruckend; kann mit Sommerblumen und Hängegewächsen wie Efeu unterpflanzt werden

KÜBELPFLANZEN

Höhe: *0,3–1 m*
Blütezeit: *entfällt*

immergrünes Nadelgehölz

Picea-Arten in Sorten
Zwergfichte

Familie: Kieferngewächse *(Pinaceae)*
Herkunft: Europa, Nordamerika
Aussehen: meist kegelförmiger bis rundlicher Wuchs; Nadeln regelmäßig angeordnet, oft sehr dicht benadelt
Standort: am besten leicht schattig, verträgt volle Sonne und Lufttrockenheit schlecht
Pflegen: gleichmäßig feucht halten; im Frühjahr Langzeitdünger geben, größere Exemplare im Sommer nachdüngen (mit Koniferendünger); Überwinterung draußen, bei starkem Frost Wurzelbereich schützen
Vermehren: entfällt, da veredelt
Gestaltung: besonders für Dauerbepflanzungen in Trögen geeignet, kleine Exemplare auch für Winterkästen
Arten/Sorten: Auswahl: *P. abies* 'Little Gem' (halbkugelig, grün benadelt), *P. glauca* 'Echiniformis' (flach kugelig, blaugrün), 'Conica' (kegelförmig, blaugrün), *P. omorika* 'Nana' (kegelförmig, grün), *P. pungens* 'Glauca Globosa' (flach kugelig, silbrig blau)

Die Pflanzen im Porträt

Höhe:
0,3–0,6 m
Blütezeit:
entfällt

immergrünes Nadelgehölz

Pinus-Arten in Sorten

Zwergkiefer

Familie: Kieferngewächse *(Pinaceae)*
Herkunft: nördliche gemäßigte Zone
Aussehen: meist kompakter, rundlicher Wuchs; teils sehr lange Nadeln
Standort: sonnig, auch vollsonnig
Pflegen: gleichmäßig leicht feucht halten; im Frühjahr Langzeitdünger geben, größere Exemplare im Sommer nachdüngen (Koniferendünger); Überwinterung draußen, bei starkem Frost Wurzelbereich schützen
Vermehren: entfällt, da oft veredelt
Gestaltung: Zwergkiefern passen gut in mediterrane Gestaltungen oder zu Steingartenpflanzen in Kübeln.
Arten/Sorten: Auswahl: *P. densiflora* 'Kobold' (kugelig, grün benadelt), 'Globosa' (flach kugelig, grün); *P. mugo* 'Gnom', 'Humpy', 'Mops', 'Mini Mops', 'Pumilio' (alle halbkugelig bis kugelig, grün), 'Ophir' (breitbuschig, gelb); *P. nigra* 'Spielberg' (rundlich bis breit kegelförmig, grün); *P. pumila* 'Glauca' (breitbuschig, blaugrün)

KÜBELPFLANZEN

Höhe:
0,5–2 m
Blütezeit:
Juni – Okt.

immergrüner Strauch

Plumbago auriculata

Bleiwurz

Familie: Bleiwurzgewächse *(Plumbaginaceae)*
Herkunft: Südafrika
Aussehen: Blüten hellblau, hellviolett, weiß, klein, in doldenartigen Blütenständen; wächst locker buschig mit überhängenden, etwas brüchigen Trieben
Standort: bevorzugt vollsonnig; möglichst wind- und regengeschützter Platz
Pflegen: im Sommer hoher Wasserbedarf, doch Staunässe vermeiden; bis August alle 2 Wochen düngen; verwelkte Blüten entfernen; Triebe bei Bedarf stützen; Rückschnitt (wenn nötig) im Herbst, im Frühjahr gelegentlich überalterte Zweige auslichten; Überwinterung hell, bei 4–8 °C, notfalls dunkel, dann vor dem Einräumen stark einkürzen, ab März heller und wärmer stellen
Vermehren: durch halbreife Kopfstecklinge im Sommer
Gestaltung: besonders hübsch als Hochstämmchen; lässt sich als junge Pflanze auch für gemischte Balkonkästen und Ampeln verwenden

Die Pflanzen im Porträt

Höhe:
1,5–3 m
Blütezeit:
Juli – Okt.

immergrüner Kletterstrauch

Podranea ricasoliana
Trompetenwein

Familie: Trompetenbaumgewächse *(Bignoniaceae)*
Herkunft: Südafrika
Aussehen: rosafarbene Blüten mit roter Aderung, breit trichterförmig und groß, bis 5 cm Durchmesser, in Büscheln; kletternd mit langen, verholzenden Trieben, starkwüchsig, auch buschig oder als Hochstämmchen zu ziehen; gefiederte Blätter
Standort: sonnig; regengeschützt
Pflegen: im Sommer reichlich gießen; bis August wöchentlich düngen (stickstoffarm, sonst droht sehr starkes Triebwachstum bei reduzierter Blüte); an Stützen oder Klettergerüst aufleiten; durch häufiges Einkürzen buschiger Wuchs erzielbar; Überwinterung hell, bei 5–15 °C; notfalls auch dunkel, kühl und fast trocken halten, dann vollständiger Blattabwurf
Vermehren: durch Kopfstecklinge im Frühjahr
Gestaltung: bietet als schnellwüchsige Kletterpflanze an einem Rankspalier bald prächtigen Sichtschutz oder kann als herrliche Wandbegrünung eingesetzt werden; wirkt aber auch schön als Strauch (dann häufig stutzen)

KÜBELPFLANZEN

Höhe:
1–1,5 m
Blütezeit:
Mai – Juni

immergrüner Strauch

P

Prunus laurocerasus
Kirschlorbeer

Andere Namen: Lorbeerkirsche
Familie: Rosengewächse *(Rosaceae)*
Herkunft: Südosteuropa, Vorderasien
Aussehen: weiße, kleine Blüten in aufrechten, langen Trauben, streng duftend; erbsengroße schwarze Früchte (giftig!); Wuchs je nach Sorte aufrecht kegelig oder flach ausgebreitet; längliche, glänzend dunkelgrüne Blätter
Standort: bevorzugt halbschattig, nicht in praller Sonne, auch schattig
Pflegen: mäßig gießen, bei sonnigem Stand öfter; bis August alle 4 Wochen düngen; schnittverträglich; Überwinterung draußen, unbedingt mit Schutz, bei starken Frösten am besten ganze Pflanze umhüllen
Vermehren: durch Stecklinge im Herbst
Gestaltung: Blattschmuckgehölz für halbschattige und schattige Plätze; schön im Einzelstand, ebenso mit blühenden Pflanzen, z. B. Fuchsie oder Hortensie
Hinweis: Die Pflanze ist in allen Teilen recht giftig!

Die Pflanzen im Porträt

Höhe:
0,5–2 m
Blütezeit:
Juni – Sept.

sommergrüner Strauch/Baum

Punica granatum
Granatapfelbaum

Familie: Granatapfelgewächse *(Punicaceae)*
Herkunft: Vorderasien
Aussehen: Blüten leuchtend rot, weiß oder gelborange, trichterförmig; fruchtet teils auch bei uns, die rundlichen „Granatäpfel" reifen aber meist nur im Wintergarten aus; meist buschiger Wuchs oder als Hochstämmchen gezogen; schmal eiförmige, glänzend grüne Blätter
Standort: sonnig, auch vollsonnig
Pflegen: nur bis etwa Ende Juli reichlich gießen und alle 2–3 Wochen düngen; danach trockener halten; ältere Exemplare im Frühjahr gelegentlich auslichten; ältere Exemplare vertragen auch etwas Frost; Überwinterung hell oder dunkel, bei 2–8 °C, fast trocken halten
Vermehren: durch Stammstecklinge im Frühjahr oder Kopfstecklinge im Sommer, auch über Samen
Gestaltung: Die im Mittelmeerraum eingebürgerte Pflanze bereichert jedes mediterrane Arrangement, etwa zusammen mit Brautmyrte, Oleander und Zitrusbäumchen.

KÜBELPFLANZEN

Höhe:
0,5–1 m
Blütezeit:
April –
Mai/Juni

immergrüner Strauch

Rhododendron-Arten und -Hybriden
Rhododendron, Azalee

Familie: Heidekrautgewächse *(Ericaceae)*
Herkunft: Ostasien
Aussehen: Blüten rot, rosa, lila, weiß oder gelb, in Trauben; Wuchs breitbuschig; dunkelgrün glänzende Blätter
Standort: bevorzugt halbschattig, vor allem keine pralle Mittagssonne
Pflegen: kalkunverträglich, nur enthärtetes Wasser oder Regenwasser, Rhododendronsubstrat und -dünger verwenden; im Frühjahr/Sommer reichlich gießen, den Rest des Jahres nur leicht feucht halten; von April bis Juni alle 3–4 Wochen düngen; verwelkte Blütenstände ausbrechen; Überwinterung draußen mit Winterschutz
Vermehren: entfällt bei Kübelkultur
Gestaltung: schön in halbierten Holzfässern oder Terrakottakübeln
Arten/Sorten: für Kübel eignen sich besonders *R.-Yakushimanum-, Forrestii-* und *-Repens-*Hybriden; kleine 'Diamant'-Azaleen auch für Balkonkästen

Die Pflanzen im Porträt

Höhe:
0,2–0,4 m
Blütezeit:
Juni – Okt.

sommergrüner Zwergstrauch

Rosa-Hybriden

Zwergrose

Familie: Rosengewächse *(Rosaceae)*
Herkunft: Kulturformen
Aussehen: Blüten in allen Farben außer Blau, meist halb gefüllt oder gefüllt, selten duftend; Wuchs buschig, mit bestachelten Trieben
Standort: sonnig
Pflegen: mäßig feucht halten; bis Ende Juli alle 1–2 Wochen düngen; verwelkte Blütenstände mitsamt dem darunter befindlichen Laubblattpaar wegschneiden; im Frühjahr zurückschneiden; Überwinterung hell und frostfrei, notfalls auch dunkel oder draußen mit gutem Schutz
Vermehren: entfällt, da meist veredelt
Gestaltung: Zwergrosen bezaubern in kleinen Töpfen oder zu mehreren in großen Kästen, in die man sie mit 25 cm Abstand pflanzt.
Hinweis: Neben den Zwerg- oder Miniaturrosen werden für den Balkonbereich auch mittel- bis langtriebige, hängende Sorten angeboten, die sich für Ampeln eignen.

KÜBELPFLANZEN

Höhe: 0,5–1,5 m
Blütezeit: Juni – Okt.

sommergrüner Strauch

Rosa-Hybriden
Rose, höhere Sorten

Familie: Rosengewächse *(Rosaceae)*
Herkunft: Kulturformen
Aussehen: Blüten in allen Farbtönen außer Blau, meist halb gefüllt oder gefüllt, teils intensiv duftend; Wuchs buschig, aufrecht oder überhängend; bestachelte Triebe
Standort: sonnig
Pflegen: wie Zwergrosen, doch am besten schon im Frühjahr mit Langzeitdünger versorgen; Überwinterung draußen mit gutem Schutz (auch Veredelungsstelle abdecken, Hochstämmchen vor Frostperioden umhüllen); in rauen Lagen besser frostfrei und hell, notfalls auch dunkel unterbringen
Vermehren: entfällt, da meist veredelt
Gestaltung: „Klassischer", attraktiver Rosenpartner, auch im Kübel, ist der Lavendel (separater Topf daneben). Andere hübsche Begleiter sind z. B. weiße oder gelbe Strauchmargeriten.
Arten/Sorten: Für die Einzelpflanzung in Kübeln eignen sich niedrig bleibende Beet-, Strauch- und Bodendeckerrosen sowie als Stämmchen gezogene Rosen.

Die Pflanzen im Porträt

Höhe:
1–2,5 m
Blütezeit:
Juni – Okt.

immergrüner Strauch

Senna corymbosa

Gewürzrinde

Andere Namen: oft noch unter dem früheren botanischen Name *Cassia corymbosa* geführt
Familie: Johannisbrotgewächse *(Caesalpiniaceae)*
Herkunft: Südamerika
Aussehen: sehr zahlreiche gelbe Blüten, im Wintergarten fast ganzjährig; Wuchs aufrecht, verzweigt
Standort: möglichst vollsonnig; warm und windgeschützt
Pflegen: gut feucht halten; bis August wöchentlich düngen; Verblühtes entfernen; im Frühjahr zurückschneiden; verträgt leichten Frost, nicht zu früh einräumen; Überwinterung hell bei 2–5 °C, notfalls nach Rückschnitt vor dem Einräumen auch dunkel, dann werden die Blätter abgeworfen (in diesem Fall fast trocken halten)
Vermehren: durch halbreife Stecklinge
Gestaltung: lässt sich gut als Hochstämmchen ziehen
Arten/Sorten: Beim ähnlich zu pflegenden Kerzenstrauch, *S. didymobotrya*, stehen die gelben Blüten kerzenartig aufrecht an den Triebspitzen.

KÜBELPFLANZEN

Höhe:
1,5–3 m
Blütezeit:
Mai – Okt.

sommergrüner Strauch

Sesbania tripetii
Sesbanie

Andere Namen: botanisch auch als *S. punicae* bekannt
Familie: Schmetterlingsblütler *(Fabaceae)*
Herkunft: Südamerika
Aussehen: orangerote Schmetterlingsblüten in hängenden Rispen; locker buschiger Wuchs; hübsche, regelmäßig gefiederte Blätter
Standort: sonnig, auch vollsonnig; braucht einen möglichst warmen und regengeschützten Platz
Pflegen: gleichmäßig feucht halten, bei Substrattrockenheit Blatt- und Blütenabfall; bis Ende Juli alle 2 Wochen düngen; Fruchtansätze regelmäßig ausbrechen; junge Pflanzen für buschigen Wuchs öfter einkürzen; auch bei älteren Exemplaren starker Rückschnitt im Frühjahr möglich; Überwinterung dunkel, bei 4–8 °C, fast trocken halten
Vermehren: durch halb verholzte Triebstecklinge im Sommer
Gestaltung: buschig und als Hochstämmchen eine attraktive Erscheinung, die sich mit vielen exotischen und mediterranen Pflanzen gut kombinieren lässt

Die Pflanzen im Porträt

Höhe: 0,5–1 m
Blütezeit: April – Mai

immergrüner Zwergstrauch

Skimmia japonica

Skimmie

Familie: Rautengewächse *(Rutaceae)*
Herkunft: Ostasien
Aussehen: kleine Blüten, weißrosa, in dichten Rispen; bei der reinen Art und manchen Sorten zahlreiche, lang haftende scharlachrote, kugelige Früchte ab Herbst (ungenießbar); Wuchs breit buschig; dekorative, lorbeerähnliche Blätter
Standort: halbschattig bis schattig
Pflegen: ab Frühsommer reichlich gießen; bis Mitte August alle 4 Wochen düngen; nur störende Triebe wegschneiden; Überwinterung draußen, Wurzelbereich vor starken Frösten schützen
Vermehren: durch Stecklinge im Herbst
Gestaltung: als junge Pflanze hübsch in Winterkästen, ansonsten für Dauerbepflanzungen geeignet, etwa mit Zwergnadelgehölzen, kleinen Rhododendren und Besenheide
Arten/Sorten: Einige Sorten fruchten nicht und werden aufgrund ihrer reichen Blüte kultiviert, z. B. die oft angebotene 'Rubella'.

KÜBELPFLANZEN

Höhe:
1–2 m
Blütezeit:
Febr. – Aug.

immergrüne Staude

Strelitzia reginae
Paradiesvogelblume

Andere Namen: Strelitzie
Familie: Strelitziengewächse *(Strelitziaceae)*
Herkunft: Südafrika
Aussehen: Blüten gelborange mit Himmelblau, in rötlich grünen Hochblattscheiden, Blütenstand an langem Blütenschaft, erinnert an Vogelkopf; horstartiger Wuchs; lang gestielte, große, schmal ovale Blätter
Standort: sonnig; windgeschützt
Pflegen: mäßig feucht, keinesfalls nass halten; bis August alle 2 Wochen düngen; gelegentlich die ältesten Blätter auslichten; Überwinterung hell, bei 8–12 °C, bei genügend Licht auch wärmer, je kühler, desto trockener halten
Vermehren: durch Teilung älterer Pflanzen im Frühjahr oder durch Aussaat, Letzteres jedoch langwierig
Gestaltung: Die Gesellschaft von Blumenrohr und Palmen sorgt für üppig-exotisches Flair. Die Paradiesvogelblume wirkt aber auch in Einzelstellung sehr attraktiv.
Hinweis: haltbare Schnittblume für auffällige Gestecke

Die Pflanzen im Porträt

Höhe: 0,2–0,8 m
Blütezeit: *entfällt*

immergrünes Nadelgehölz

Thuja-Arten in Sorten

Lebensbaum

Familie: Zypressengewächse *(Cupressaceae)*
Herkunft: Nordamerika, Ostasien
Aussehen: meist kugeliger bis kegelförmiger Wuchs; flache, eng anliegende Schuppenblätter, bei Sorten teils ansprechend gelb, im Winter teils bräunlich verfärbt
Standort: sonnig bis halbschattig; am besten etwas regengeschützter Platz
Pflegen: gleichmäßig feucht halten; im Frühjahr Langzeitdünger geben, größere Exemplare im Juni/Juli nachdüngen (Koniferendünger); Überwinterung draußen, bei starkem Frost Wurzelbereich schützen
Vermehren: durch Stecklinge
Gestaltung: hübsch für Dauerbepflanzungen; gelbnadelige Sorten hellen Winterbepflanzungen auf
Arten/Sorten: Auswahl: *T. occidentalis* 'Danica' (kugelig, grün benadelt), 'Recurva Nana' (breitkugelig, grün), 'Rheingold' (kegelförmig, gelb), 'Sunkist' (kegelförmig, gelb), 'Tiny Tim' (kugelig, grün)

KÜBELPFLANZEN

Höhe:
1–2 m
Blütezeit:
Ende Juli – Okt.

immergrüner Strauch

Tibouchina urvilleana
Prinzessinnenblume

Familie: Schwarzmundgewächse *(Melastomataceae)*
Herkunft: Brasilien
Aussehen: große, schalenförmige Blüten in kräftigem Violett, blühen im Wintergarten bis zum Frühjahr durch; breiter Wuchs, etwas sparrig, mit langen Trieben; große, breit eiförmige, samtig wirkende Blätter
Standort: sonnig, auch leicht beschattet, möglichst keine pralle Mittagssonne
Pflegen: gleichmäßig feucht, aber nicht nass halten, möglichst weiches, kalkarmes Wasser verwenden; bis August alle 2 Wochen düngen; Triebenden – besonders bei jungen Pflanzen – für buschigen Wuchs regelmäßig entspitzen; Überwinterung hell, bei 5–10 °C
Vermehren: durch Kopfstecklinge im Frühjahr oder Sommer
Gestaltung: wenn möglich, vor weißer Wand platzieren, damit die violetten Blüten gut zur Geltung kommen; auch als Hochstämmchen apart; hübsch mit Husarenknöpfchen oder Gelben Gänseblümchen als Unterpflanzung

Die Pflanzen im Porträt

Höhe:
1,5–4 m
Blütezeit:
Juni – Juli

immergrüner Schopfbaum

Trachycarpus fortunei

Hanfpalme

Familie: Palmen *(Arecaceae)*
Herkunft: Ostasien
Aussehen: grünliche oder gelbe Blütenrispen, nur an älteren Pflanzen; wächst sehr langsam, wird aber mit der Zeit breit ausladend; große, glänzend grüne, fächerartig unterteilte Blattwedel, über 50 cm lang
Standort: noch junge Hanfpalmen am besten halbschattig, ältere Exemplare sonnig
Pflegen: mäßig feucht halten; bis August alle 3–4 Wochen düngen; braune Wedel herausschneiden; ältere Pflanzen vertragen bis -10 °C Frost, können daher in wintermilden Regionen mit gutem Schutz draußen überwintert werden; andernfalls dunkel, bei 0–8 °C, oder an hellem Platz als Zimmerpflanze; wenig gießen, keinesfalls ins Herz; nach dem Ausräumen ab Mitte April zunächst schattig stellen
Vermehren: durch Aussaat
Gestaltung: sehr dekorative Palme, attraktiver Hintergrund für exotische Blüher

KÜBELPFLANZEN

Höhe:
1,4–1,8 m
Blütezeit:
Sept. – April

immergrüner Strauch

Viburnum tinus
Mittelmeerschneeball

Andere Namen: Laurustinus
Familie: Geißblattgewächse *(Caprifoliaceae)*
Herkunft: Mittelmeerraum
Aussehen: Blüten weiß oder zartrosa, zahlreich in flachen Rispen, duftend; wächst buschig verzweigt; schmal eiförmige, glänzend dunkelgrüne, ledrige Blätter
Standort: sonnig, allerdings ohne pralle Mittagssonne, oder halbschattig (nicht zu dunkel)
Pflegen: gleichmäßig feucht halten; bis Ende Juli wöchentlich düngen; junge Pflanzen öfter stutzen, gut schnittverträglich; wenn nötig, am besten im Frühjahr nach der Blüte schneiden; verträgt etwas Frost; Überwinterung hell, bei 0–8 °C, mäßig gießen
Vermehren: durch halbreife Stecklinge im Sommer
Gestaltung: Je nach Standort und Entwicklung liegt der Blütenschwerpunkt im Herbst oder Frühjahr; im Wintergarten oder im hellen Flur präsentiert sich der Mittelmeerschneeball sogar als Winterblüher.

Die Pflanzen im Porträt

Höhe: *1,5–3 m*
Blütezeit: *entfällt*

immergrüner Schopfbaum

Washingtonia-Arten
Washingtonie

Andere Namen: Priesterpalme
Familie: Palmen *(Arecaceae)*
Herkunft: südliches Nordamerika, Mexiko
Aussehen: Blüten weiß oder hellrosa, blüht im Kübel kaum; breit ausladender Wuchs mit dickem Stamm; rundliche, fächerartig unterteilte Blattwedel, bei *W. filifera* mit herabhängenden hellen Fäden; bedornte Blattstiele
Standort: sonnig, noch junge Palmen jedoch während der ersten Jahre nicht in die volle Sonne stellen
Pflegen: im Sommer feucht halten, aber nicht vernässen; bis August alle 2 Wochen schwach dosiert düngen; Überwinterung hell, bei 5–8 °C, notfalls auch dunkel um 5 °C; nach dem Ausräumen zunächst leicht beschattet stellen; *W. filifera* verträgt etwas Frost
Vermehren: durch Aussaat
Gestaltung: imposante Palme für den Einzelstand
Arten/Sorten: *W. robusta* ist trotz ihres Namens etwas weniger robust und weniger kälteverträglich als *W. filifera*.

KÜBELPFLANZEN

Höhe:
1–2 m
Blütezeit:
Juli – Sept.

immergrüner Schopfbaum

Yucca aloifolia
Palmlilie

Familie: Agavengewächse *(Agavaceae)*
Herkunft: Südamerika
Aussehen: weiße Glockenblüten in Rispen an langem Schaft, nur an älteren Exemplaren und in Kübelkultur selten; lange, schwertförmige Blätter an schlankem Stamm; Vorsicht, gefährliche bedornte Spitzen!
Standort: sonnig, auch vollsonnig
Pflegen: mäßig feucht halten; bis August alle 4 Wochen düngen; braune Blätter abschneiden; zu große Exemplare treiben nach Einkürzen (Absägen) der Stämme neu aus; Überwinterung hell, bei 5–10 °C, fast trocken halten
Vermehren: durch Kopf- oder Stammstecklinge (Triebstücke) im Sommer; Töpfe schattig stellen
Gestaltung: lässt sich mit vielen anderen Kübelpflanzen kombinieren, hübsch z. B. neben Bleiwurz oder Wandelröschen
Arten/Sorten: Die Riesenpalmlilie, *Y. elephantipes*, hat etwas weichere Blätter, verzweigt sich mit den Jahren stark und blüht im Kübel als ältere Pflanze zuverlässiger.

Schmackhaftes
von A bis Z

Selbst Geerntetes aus dem Balkonkasten oder Topf frisch auf den Tisch: Das ist schon ein echtes Stück Lebensqualität. Ganz nebenbei haben manche Kräuter, Gemüse- und Obstarten auch hübsche Blüten und Blätter zu bieten. Und ein Fruchtschmuck, der zugleich Gaumenfreuden verheißt, erfreut das Auge ganz besonders.

SCHMACKHAFTES

Höhe: bis 3 m
Erntezeit: Okt. – Nov.

immergrüner Kletterstrauch

Actinidia deliciosa
Kiwi

Familie: Strahlengriffelgewächse *(Actinidiaceae)*
Herkunft: Ostasien
Aussehen: Schlingpflanze; weiße Blüten im Juni – Juli, meist weibliche und männliche Blüten auf verschiedenen Pflanzen (zweihäusig); braune Beerenfrüchte
Standort: hell, aber nicht vollsonnig; windgeschützt, warm, am besten an der Hauswand hochziehen
Kultur: Bei zweihäusigen Sorten ist für die Fruchtbildung je ein weibliches und ein männliches Exemplar nötig.
Pflegen: an stabilem Klettergerüst spalierartig aufleiten; gut feucht halten; im Frühjahr Langzeitdünger, im Juni und Anfang August nachdüngen; im Sommer Seitentriebe auf 4–6 Blätter über den Früchten kappen; draußen mit gutem Schutz überwintern
Ernten: ab Ende Oktober, wenn die Früchte auf Druck leicht nachgeben
Arten/Sorten: Bewährte Sorten sind 'Hayward', 'Weiki' (sehr frosthart) und 'Jenny' (einhäusig, selbstfruchtbar).

Die Pflanzen im Porträt

Höhe:
20–30 cm
Erntezeit:
fortlaufend bis Herbst

mehrjähriges Würzkraut

Allium schoenoprasum var. *schoenoprasum*
Schnittlauch

Familie: Lauchgewächse *(Alliaceae)*
Herkunft: nördliche gemäßigte Zone
Aussehen: dichte Horste aus röhrenförmigen, dünnen Blättern; ab Juni – August/September hellviolette Blütendolden an kräftigen Schäften
Standort: sonnig bis halbschattig
Kultur: Anzucht im März/April, bei 18–20 °C; Sämlinge büschelweise (zu 10–20 Stück) mit 20 cm Abstand in Gefäße pflanzen; ab April nach draußen stellen, bei Frost abdecken; lässt sich gut mit Salat oder anderen Kräutern kombinieren
Pflegen: gleichmäßig gut feucht halten, aber Staunässe vermeiden; bis August alle 2 Wochen düngen; Ausbrechen der Blütenstände fördert Blattentwicklung, ist aber nicht unbedingt nötig; hell und kühl überwintern; alle 2–3 Jahre im Frühjahr oder Herbst teilen und neu einpflanzen
Ernten: Blätter ab etwa 6 Wochen nach der Aussaat 2 cm über Substratoberfläche abschneiden, dann erst wieder Neuaustrieb entwickeln lassen

SCHMACKHAFTES

Höhe:
30–50 cm
Erntezeit:
Juli – Okt.

einjährig
kultiviertes
Blattgemüse

Beta vulgaris ssp. *cicla*
Mangold

Familie: Gänsefußgewächse *(Chenopodiaceae)*
Herkunft: Vorderasien, Mittelmeerraum
Aussehen: aufrechte, runzelige Blätter; Stiele weiß, gelb oder kräftig rot gefärbt
Standort: sonnig bis halbschattig
Kultur: ab Ende April – Juni mit 5–10 cm Abstand in große Töpfe oder Kästen säen; Jungpflanzen auf 20 cm (Blattmangold) bzw. 30 cm (Stielmangold) Abstand ausdünnen, dazu jeweils die schwächsten Pflanzen ganz entfernen
Pflegen: stets gut feucht halten; alle 4 Wochen stickstoffarm düngen
Ernten: Blätter etwa 8 Wochen, Stiele 12 Wochen nach der Aussaat erstmals ernten, dann fortlaufend; beim Stielmangold innere Blätter („Herz") stehen lassen
Arten/Sorten: bewährte Sorte: 'Lukullus', zugleich Blatt- und Stielmangold; zierende rotstielige Sorten: 'Vulkan', 'Feurio', 'Rhubarb Chard', 'Bright Lights' mit verschiedenfarbigen Stielen (in Rot- und Gelbtönen)

Die Pflanzen im Porträt

Höhe:
50–60 cm
Erntezeit:
Juli – Sept.

einjähriges Fruchtgemüse

Cucurbita pepo
Zucchini

Familie: Kürbisgewächse *(Cucurbitaceae)*
Herkunft: Mittelamerika, südliches Nordamerika
Aussehen: wächst breit ausladend, manche Sorten auch kletternd; große, hellgrün oder silbrig gefleckte, rau behaarte Blätter; goldgelbe bis orange Trichterblüten, Blütezeit Juni – August; walzen- oder keulenförmige Früchte, je nach Sorte grün, gelb, weiß oder gestreift
Standort: sonnig, auch leicht beschattet; warm, geschützt
Kultur: Ende April 2 Körner pro Topf säen, um 20 °C Keimtemperatur; nach Aufgang schwächere Pflanze entfernen; in breite Kübel pflanzen, nach Mitte Mai nach draußen stellen; meist reichen 1 oder 2 Pflanzen
Pflegen: stets gut feucht halten, aber nicht in die Blüten gießen; wöchentlich düngen
Ernten: ab etwa 6 Wochen nach der Pflanzung, reife Früchte fortlaufend abschneiden, schmecken am zartesten bei 15–20 cm Länge; Fruchtstiele nicht abreißen oder abdrehen, sondern mit scharfem Messer abschneiden

SCHMACKHAFTES

Höhe:
10–20 cm
Erntezeit:
Mai – Okt.

E

einjährig
kultivierte
Salatpflanze

Eruca sativa
Rukola

Andere Namen: Salatrauke
Familie: Kreuzblütler *(Brassicaceae)*
Herkunft: Mittelmeerraum
Aussehen: bildet Rosette aus gelappten oder tief gekerbten Blättern mit würzig nussigem Geschmack
Standort: sonnig bis halbschattig
Kultur: Aussaat ab April – September direkt in das Gefäß, in Reihen mit 15–20 cm Abstand oder breitwürfig ausstreuen; Samen nur ganz leicht mit Erde bedecken
Pflegen: gleichmäßig feucht halten, Staunässe vermeiden; 1–2 Wochen nach Aussaat einmal schwach dosiert bzw. stickstoffarm düngen
Ernten: 3–5 Wochen nach der Aussaat; pflückt man einzelne Blätter, kann mehrmals geerntet werden; Blätter bevorzugt jung und zart ernten, ältere Blätter schmecken gerade im Sommer schnell zu scharf
Arten/Sorten: Die Sorte 'Runway' wächst besonders schnell und hat fein gefiederte Blätter.

Die Pflanzen im Porträt

Höhe:
20–30 cm
Erntezeit:
Juni – Okt.

mehrjährige Staude

Fragaria-Arten

Erdbeere

Familie: Rosengewächse *(Rosaceae)*
Herkunft: Europa, Amerika
Aussehen: buschiger Wuchs mit oberirdischen Ausläufern (außer bei Monatserdbeeren); weiße oder rosa Blüten; Blütezeit Mai – September; rote Früchte
Standort: sonnig; Monatserdbeeren auch halbschattig
Kultur: Pflanzung Juli – September oder Frühjahr; einzeln in große Gefäße oder mit 30 cm Abstand
Pflegen: gleichmäßig feucht halten; im Frühjahr Langzeitdünger geben; im Herbst welke Blätter entfernen; draußen mit Schutz überwintern
Ernten: Früchte mitsamt dem Kelch abtrennen
Arten/Sorten: Für Gefäße eignen sich kleinfrüchtige Monatserdbeeren (Ernte im Juni/Juli), mehrmals tragende großfrüchtige Gartenerdbeeren (Ernte im Juni – Oktober) sowie Züchtungen mit langen Trieben oder Ausläufern, nämlich Hängeerdbeeren (bis 40 cm lang, auch für Ampeln) und Klettererdbeeren (bis 140 cm, an Gerüst hochziehen).

SCHMACKHAFTES

Höhe:
20–30 cm
Erntezeit:
ab April/Mai

*einjährig
kultivierte
Salatpflanze*

Lactuca sativa var. *crispa*
Pflücksalat, Schnittsalat

Familie: Korbblütler *(Asteraceae)*
Herkunft: vermutlich aus Nordostafrika oder Westasien
Aussehen: lockere bis dichte Rosetten aus glatten oder gekrausten, ganzrandigen oder gebuchteten, grünen, rötlichen oder bräunlichen Blättern
Standort: bevorzugt sonnig, auch halbschattig
Kultur: Anzucht ab Februar (bei 10–15 °C) möglich; Schnittsalat in 2 Reihen oder breitwürfig direkt in Kasten säen; Pflücksalat vorziehen und mit 20–25 cm Abstand pflanzen; mit Schutz ab April ins Freie; Folgesaaten von Schnittsalat bis April, von Pflücksalat bis Juli
Pflegen: gleichmäßig feucht halten; nach jedem Schnitt schwach dosiert düngen
Ernten: ab 4–6 Wochen nach Aussaat; bei Schnittsalat ganze Pflanze vom Strunk schneiden, vom Pflücksalat fortlaufend die äußeren Blätter ernten
Arten/Sorten: Eine bewährte Balkonsorte ist der Pflücksalat 'Grand Rapids'.

Die Pflanzen im Porträt

Höhe: 20–30 cm
Erntezeit: März – Okt.

einjähriges Würzkraut

Lepidium sativum

Kresse

Familie: Kreuzblütler *(Brassicaceae)*
Herkunft: Mittelmeerraum, südliches Westasien
Aussehen: zarte Triebe mit runden Blättchen, schnellwüchsig; ab Juli weiße bis rötliche Blüten
Standort: sonnig oder halbschattig, wächst bei genügend Wärme sogar noch im Schatten
Kultur: ab März – September direkt in Kästen oder Schalen säen, alle 2 Wochen in Folgesaaten; Samen breitwürfig ausstreuen, nur andrücken und leicht mit Erde bedecken; kein Ausdünnen der Sämlinge erforderlich
Pflegen: gleichmäßig feucht halten; keine Düngung nötig
Ernten: Schon ab etwa 10 Tagen nach der Aussaat kann man die jungen Triebe, sobald sie etwa 6 cm groß sind, direkt über der Erdoberfläche abschneiden.
Hinweis: Kresse ist auch ein problemloser „Mischkulturpartner" im Balkonkasten und kann schnell mal auf ein freies Fleckchen neben Tomaten, zwischen Radieschen oder andere Kräuter gesät werden.

SCHMACKHAFTES

Höhe:
25–120 cm
Erntezeit:
Juli – Okt.

einjähriges Fruchtgemüse

L

Lycopersicon esculentum
Busch- und Cocktailtomate

Familie: Nachtschattengewächse *(Solanaceae)*
Herkunft: Südamerika
Aussehen: Wuchsform je nach Sorte; ab Mai gelbe Blüten; meist rundliche, rote oder gelbe Beerenfrüchte
Standort: sonnig; warm und geschützt
Kultur: Aussaat ab Ende Februar/März bei 20 °C; einzeln in 10-cm-Töpfe pikieren, hell, bei 18 °C aufstellen; mit mindestens 35 cm Abstand pflanzen, hochwüchsige Sorten einzeln in Töpfe; ab Mitte Mai ins Freie stellen
Pflegen: stets gut feucht halten; wöchentlich düngen; welke Blätter an der Basis entfernen; Cocktailtomaten an Stab aufbinden; Ausgeizen nicht nötig
Ernten: ab Juli vollreife Früchte pflücken
Arten/Sorten: Buschtomaten: kleinwüchsig, mittelgroße Früchte; Cocktail- oder Kirschtomaten: hochwüchsig, kleine, oft süßliche Früchte; Hängetomaten: mittelgroße bis kleine Früchte; Stabtomaten (→ Seite 214)
Hinweis: Grüne Pflanzenteile enthalten Giftstoffe.

Die Pflanzen im Porträt

Höhe:
1–1,5 m
Erntezeit:
Juli – Okt.

einjähriges
Frucht-
gemüse

Lycopersicon esculentum

Stabtomate

Familie: Nachtschattengewächse *(Solanaceae)*
Herkunft: Südamerika
Aussehen: hochwüchsig, wenig verzweigt; ab Mai gelbe Blüten; meist große, rote oder gelbe Beerenfrüchte, bei Fleischtomaten besonders groß und gefurcht
Standort: sonnig; warm und geschützt
Kultur: wie Busch- und Cocktailtomaten (→ Seite 213); Jungpflanzen schon früh mit Stäben stützen
Pflegen: wie Busch- und Cocktailtomaten; zusätzlich schon an jungen Pflanzen in den Blattachseln entstehende Triebe regelmäßig ausbrechen (ausgeizen); Pflanzen an Stäben aufbinden; nach Bildung des fünften Blüten- bzw. Fruchtstands Spitze des Haupttriebs kappen
Ernten: ab Juli vollreife Früchte pflücken; im Herbst noch nicht ausgereifte Tomaten an einem dunklen, warmen Ort nachreifen lassen
Hinweis: Alle grünen Pflanzenteile, auch unreife, noch grüne Früchte, enthalten ein giftiges Alkaloid.

SCHMACKHAFTES

Höhe:
1,5–2,5 m
Erntezeit:
Aug. – Okt.

M

sommergrüner Baum

Malus domestica
Apfel

Familie: Rosengewächse *(Rosaceae)*
Herkunft: Urformen aus Westasien und Europa
Aussehen: Wuchs je nach Erziehung als Buschbaum oder Spindelbusch; Blüten im April – Mai, weiß bis rosa; Fruchtfärbung und Reifezeit je nach Sorte
Standort: sonnig; etwas geschützt
Kultur: meist ist ein zweites Bäumchen als Pollenspendersorte für die Befruchtung nötig (bei „Duo-Äpfeln" nicht erforderlich); so einpflanzen, dass die verdickte Veredelungsstelle etwa 10 cm über die Erdoberfläche kommt
Pflegen: an Stützpfahl anbinden; gleichmäßig feucht halten; im Frühjahr Langzeitdünger geben, im Juni, wenn nötig, nachdüngen; regelmäßiger Schnitt je nach Wuchsform und Alter, wichtig ist vor allem das Lichthalten der Krone; draußen mit Schutz überwintern
Ernten: pflückreif, wenn sortentypisch ausgefärbt und wenn sich der Stiel beim Drehen der Frucht leicht löst
Hinweis: vgl. auch Säulen- und Zwergapfel (→ Seite 216)

Die Pflanzen im Porträt

Höhe:
1–2,5 m
Erntezeit:
Aug. – Okt.

sommergrüner Baum

Malus domestica
Säulen- und Zwergapfel

Familie: Rosengewächse *(Rosaceae)*
Herkunft: Urformen aus Westasien und Europa
Aussehen: Wuchs schmal säulenförmig (Säulen- oder „Ballerina"-Äpfel, Fruchtzweige entspringen direkt am Stamm, nur etwa 40 cm breit) oder mit kompakter Krone und Stämmchen (Zwergäpfel, nur 1–1,5 m hoch); Blüten im April – Mai, weiß bis rosa; Fruchtfarbe und -reife je nach Sorte
Standort: sonnig; etwas geschützt
Kultur: wie beim Apfel allgemein (→ Seite 215)
Pflegen: wie beim Apfel allgemein; Schnitt beschränkt sich jedoch bei Säulenäpfeln auf das Entfernen störender Seitentriebe und überalterter Fruchtspieße, ähnlich bei Zwergäpfeln, die nur alle paar Jahre einen Schnitt brauchen; Zwergäpfel am besten drinnen hell, frostfrei und kühl überwintern
Ernten: wie beim Apfel allgemein (→ Seite 215)
Arten/Sorten: Säulenäpfel gibt es nur in speziellen Sorten, z. B. 'Bolero', 'Polka', 'Waltz'; Zwergäpfel sind teils Kleinformen bekannter Sorten (z. B. 'Sendai Delicious').

SCHMACKHAFTES

Höhe:
20–40 cm
Erntezeit:
Juni – Sept.

einjähriges Würzkraut

Ocimum basilicum
Basilikum

Familie: Lippenblütler *(Lamiaceae)*
Herkunft: Indien, Mittelmeerraum
Aussehen: wächst buschig aufrecht; eiförmig zugespitzte, gewölbte, glänzend grüne Blätter, bei manchen Sorten rot oder rotbraun; kleine weiße Blüten ab Juli – September
Standort: sonnig, gern vollsonnig; warm, geschützt
Kultur: Anzucht ab Ende März/April, bei 18–20 °C, Lichtkeimer; mit 25 cm Abstand pflanzen; nach Mitte Mai (in rauen Lagen erst Ende Mai) nach draußen stellen
Pflegen: vor kühlen Frühsommertemperaturen mit Abdeckvlies (Gartenfachhandel) oder Folie schützen; gleichmäßig feucht halten; alle 4 Wochen düngen
Ernten: Blätter und junge Triebe den ganzen Sommer über; sind vor der Blüte am aromatischsten; zuerst Triebspitzen ernten, Pflanze wächst dann buschiger
Hinweis: Basilikum kann in Kästen oder Kübeln mit Balkontomaten, Salaten und Zucchini kombiniert werden. Rotlaubige Sorten sind recht dekorativ.

Die Pflanzen im Porträt

Höhe:
20–60 cm
Erntezeit:
Mai – Sept.

sommergrüner Halbstrauch

Origanum vulgare

Oregano

Andere Namen: Dost, Wilder Majoran
Familie: Lippenblütler *(Lamiaceae)*
Herkunft: Südeuropa
Aussehen: breitwüchsig; eiförmige, aromatische Blätter; kleine Lippenblüten in Trugdolden, rosa, rotviolett oder weiß; Blütezeit Juli – September
Standort: am besten vollsonnig; warm
Kultur: Anzucht im März – April, bei 22 °C, Lichtkeimer; in breite Kübel, Kästen oder Schalen setzen, 20–30 cm Abstand; nährstoffarmes Substrat (z. B. Pikiererde) verwenden, Sand untermischen; ab Anfang Mai nach draußen stellen; vor Spätfrösten schützen
Pflegen: zurückhaltend gießen; keine Düngung; im Oktober zurückschneiden und draußen mit Winterschutz oder drinnen frostfrei und mäßig hell überwintern
Ernten: Blätter und junge Triebspitzen ab Ende Mai fortlaufend pflücken; intensivstes Aroma während der Blüte, dann auch Schnitt zum Trocknen

SCHMACKHAFTES

Höhe:
20–30 cm
Erntezeit:
fast ganzjährig

zweijähriges Würzkraut

Petroselinum crispum var. *crispum*
Petersilie

Familie: Doldenblütler *(Apiaceae)*
Herkunft: Mittelmeerraum
Aussehen: buschig; Blätter gefiedert, je nach Sorte gekräuselt oder glatt; „schießt" im Juni/Juli des zweiten Anbaujahrs mit gelblichen Blütendolden an hohem Stiel
Standort: am besten leicht beschattet, nicht vollsonnig
Kultur: Aussaat ab Mitte März – Juni direkt ins Gefäß (Keimdauer bis zu 5 Wochen); Pflänzchen auf 10 cm Abstand vereinzeln; ab April nach draußen stellen, vor Frostnächten mit Vlies oder Folie abdecken
Pflegen: gleichmäßig feucht halten; alle 2 Wochen schwach dosiert düngen; draußen mit Schutz oder drinnen sehr kühl und hell überwintern
Ernten: bei Märzsaat ab Juni, sonst ab etwa 8 Wochen nach der Aussaat; Blätter fortlaufend abschneiden, bis kurz vor der Blüte (im 2. Jahr), danach nicht mehr nutzbar
Hinweis: Petersilie nicht mit Salat zusammenpflanzen; harmoniert gut mit Tomaten oder Radieschen.

Die Pflanzen im Porträt

Höhe:
3–4 m
Erntezeit:
Juli – Okt.

einjähriger Hülsenfrüchtler

Phaseolus coccineus

Feuerbohne

Familie: Schmetterlingsblütler *(Fabaceae)*
Herkunft: Mittelamerika, Mexiko
Aussehen: Schlingpflanze mit großen herzförmigen Blättern; von Juni – September rote oder weiße Blüten; ab Sommer anfangs behaarte Fruchthülsen, darin bei Ausreife große, farbig gescheckte oder weiße Samen
Standort: sonnig; windgeschützt
Kultur: warme Anzucht (bei 20 °C) Mitte April, dann im Mai pflanzen; oder ab Anfang Mai draußen direkt ins Gefäß säen; am besten 2–3 Pflanzen in einem großen Topf halten
Pflegen: an Drähten, Schnüren oder Gerüst hochleiten; stets feucht, aber nicht nass halten; bei Blühbeginn und nach Hülsenbildung organisch oder stickstoffarm düngen
Ernten: junge, zarte Hülsen im Juli/August pflücken; Samen als Trockenbohnen bei Vollreife im Herbst
Hinweis: Hülsen und Samen der *Phaseolus*-Bohnen (zu denen auch Busch- und Stangenbohnen gehören) sind bei Rohgenuss giftig!

SCHMACKHAFTES

Höhe:
1,5–2,5 m
Erntezeit:
Juni–Aug.

P

sommergrüner Baum

Prunus avium
Süßkirsche

Familie: Rosengewächse *(Rosaceae)*
Herkunft: Kleinasien
Aussehen: Wuchs als Buschbaum, Spindelbusch, Säulenkirsche oder kleiner Zwergbaum; weiße Blüten, April – Mai; meist rote, kugelige bis herzförmige Steinfrüchte
Standort: sonnig; warm und geschützt
Kultur: meist selbstunfruchtbar, zweite Sorte als Pollenspender nötig; mit der verdickten Veredelungsstelle oberhalb der Substratoberfläche einpflanzen
Pflegen: zur Blüte- und Fruchtzeit reichlich, sonst mäßig gießen; im Frühjahr Langzeitdünger geben; bei Busch- und Spindelbuschformen regelmäßiger Schnitt nötig; draußen mit gutem Schutz überwintern
Ernten: Zeitpunkt je nach Sorte; Kirschen mit Stiel pflücken oder abschneiden
Hinweis: Gerade in den neueren kompakten Säulen- und Zwergformen lässt sich die Süßkirsche recht gut und ohne großen Schnittaufwand im Kübel ziehen.

Die Pflanzen im Porträt

Höhe:
1,5–2,5 m
Erntezeit:
Aug. – Okt.

sommergrüner Baum

Prunus domestica

Pflaume

Andere Namen: Zwetschge; zur selben Art gehören auch Renekloden und die kleinfrüchtigen Mirabellen
Familie: Rosengewächse *(Rosaceae)*
Herkunft: Kleinasien
Aussehen: breitkroniger Buschbaum oder Spindelbusch; weiße Blüten im April – Mai; Früchte blau, violett, auch gelbgrün oder gelb (Renekloden, Mirabellen)
Standort: bevorzugt sonnig, auch halbschattig
Kultur: am besten selbstfruchtbare Sorten auf schwach wachsender Unterlage wählen; mit Veredelungsstelle über der Substratoberfläche pflanzen
Pflegen: gleichmäßig gut feucht halten; im Frühjahr Langzeitdünger geben, bis August alle 8 Wochen nachdüngen; fruchttragende Zweige stützen; nach Erziehungsschnitt nur gelegentliches Auslichten nötig; draußen mit Schutz überwintern
Ernten: Zeitpunkt sortenabhängig, an guter Ausfärbung erkennbar; mehrmals durchpflücken, reife Früchte möglichst bald abernten

SCHMACKHAFTES

Höhe: 1–2,5 m
Erntezeit: Juni – Okt.

sommergrüner Baum

Prunus persica
Pfirsich, Nektarine

Familie: Rosengewächse *(Rosaceae)*
Herkunft: China
Aussehen: Wuchs als Buschbaum (meist ohne Mitteltrieb) oder als kleiner Zwergbaum; hübsche, schmal eiförmige Blätter; hellrosa Blüten, März – April; Früchte samtig behaart (Pfirsich) oder glattschalig (Nektarine)
Standort: sonnig; warm und geschützt; Nektarinen noch etwas wärmebedürftiger als Pfirsiche
Kultur: meist selbstfruchtbar, keine Pollenspendersorte nötig; am besten im Frühjahr einpflanzen, mit Veredelungsstelle über der Substratoberfläche
Pflegen: zur Blüte- und Fruchtzeit reichlich, sonst mäßig gießen; im Frühjahr Langzeitdünger geben; mit Ausnahme der Zwergpfirsiche und -nektarinen regelmäßiger Schnitt wichtig (vor allem Auslichten der Krone); draußen mit gutem Schutz oder drinnen hell und kühl überwintern
Ernten: Zeitpunkt sortenabhängig; Reife bei guter Ausfärbung, Früchte lösen sich bei leichter Drehung

Die Pflanzen im Porträt

Höhe:
1–2 m
Erntezeit:
Aug. – Okt.

sommergrüner Baum

Pyrus communis

Birne

Familie: Rosengewächse *(Rosaceae)*
Herkunft: Asien, Europa
Aussehen: Wuchs als Busch, Spindelbusch oder kleine Zwergbirne; weiße Blüten im April – Mai; Früchte je nach Sorte grün, rötlich oder gelblich
Standort: sonnig; warm und geschützt
Kultur: für die Befruchtung sind 2–3 verschiedene Sorten nötig (außer bei „Duo-Birnen"); mit Veredelungsstelle über der Erdoberfläche einpflanzen; mit Stützpfahl versehen; kalkarmes, leicht saures Substrat verwenden
Pflegen: gleichmäßig feucht halten; im Frühjahr Langzeitdünger geben, bei Bedarf im Juni nachdüngen; braucht regelmäßigen Schnitt (außer Zwergbirnen), überaltetes Fruchtholz sollte entfernt oder eingekürzt werden; draußen mit gutem Schutz oder drinnen hell und kühl überwintern
Ernten: Zeitpunkt je nach Sorte; Herbstsorten sind 2–4 Wochen nach Ernte genussreif, Wintersorten erst nach längerer Lagerung

SCHMACKHAFTES

Höhe:
1,5–2 m
Erntezeit:
Aug. – Sept.

sommergrüner Baum

Pyrus pyrifolia var. *culta*
Nashi

Andere Namen: Asienbirne, Apfelbirne
Familie: Rosengewächse *(Rosaceae)*
Herkunft: Ostasien
Aussehen: als Busch oder Spindelbusch gezogen; weiße Blüten im April; Früchte je nach Sorte birnen- oder apfelförmig, grüngelb oder gelb, Geschmack birnenähnlich, jedoch leicht säuerlich und knackig wie Äpfel
Standort: sonnig; warm, geschützt
Kultur: braucht zweite Nashi- oder eine passende Birnensorte als Pollenspender; kalkarmes Substrat verwenden; Veredelungsstelle über Erdoberfläche setzen
Pflegen: gleichmäßig feucht halten, mit kalkarmem Wasser gießen; im Frühjahr Langzeitdünger geben, wenn nötig, im Juni nachdüngen; junge Früchte bei dichtem Behang auf 1–2 pro Fruchtstand ausdünnen; mäßiger Schnittbedarf; draußen mit gutem Schutz überwintern
Ernten: Vollreife teils erst Ende September; reife Früchte nicht lange hängen lassen

Die Pflanzen im Porträt

Höhe:
10–15 cm
Erntezeit:
Mai – Sept.

einjährig kultiviertes Knollengemüse

Raphanus sativus var. *sativus*

Radieschen

Familie: Kreuzblütler *(Brassicaceae)*
Herkunft: Vorder- und Ostasien
Aussehen: wächst kompakt, mit ovalen, rau behaarten Blättern; je nach Sorte runde, ovale oder walzenförmige Knollen, rot, rotweiß oder weiß
Standort: sonnig, notfalls auch halbschattig
Kultur: ab Ende März – August direkt in Kästen oder tiefe Schalen säen, alle paar Wochen in Folgesaaten; je nach Saatzeit geeignete Frühjahrs- oder Sommersorten wählen; Pflänzchen nach Aufgang auf 6–8 cm Abstand ausdünnen, dabei jeweils die Schwächsten ganz ausrupfen
Pflegen: gleichmäßig feucht halten; Düngung nicht nötig
Ernten: im Frühjahr etwa 6, im Sommer 3–4 Wochen nach der Aussaat, immer die dicksten Radieschen zuerst; zu spät geerntete Knollen werden leicht holzig; die beim Ernten entstehenden „Löcher" mit etwas Substrat auffüllen
Hinweis: Radieschen kann man in genügend großen Gefäßen zwischen Tomaten, Salate, Mangold oder Petersilie säen.

SCHMACKHAFTES

Höhe:
1–1,5 m
Erntezeit:
Juli – Aug.

sommergrüner Strauch

Ribes rubrum
Rote Johannisbeere

Familie: Stachelbeergewächse *(Grossulariaceae)*
Herkunft: Europa
Aussehen: Wuchs breitbuschig mit grundständigen Haupttrieben oder als Stämmchen gezogen (Hoch- oder niedrige Fußstämmchen mit nur 40 cm Stammhöhe); unscheinbare Blüten im April – Mai; rote, bei Weißen Johannisbeeren weißliche bis gelbliche Beeren in Trauben
Standort: bevorzugt sonnig, fruchtet aber auch im Halbschatten noch recht gut; windgeschützt
Kultur: selbstfruchtbar, eine zweite Sorte verbessert aber den Fruchtansatz; einzeln in große Töpfe und in leicht saures Substrat pflanzen
Pflegen: gleichmäßig gut feucht halten; im Frühjahr Langzeitdünger (chloridarm) geben, bei Bedarf im Sommer nachdüngen; Hochstämmchen stützen; nach der Ernte oder im Spätwinter ältere Triebe auslichten, bei Hochstämmchen Triebe um 1/3 einkürzen; draußen mit Schutz überwintern
Ernten: Beerentrauben am besten komplett abschneiden

Die Pflanzen im Porträt

Höhe: *40–100 cm*
Erntezeit: *März – Okt.*

immergrüner Strauch

Rosmarinus officinalis

Rosmarin

Familie: Lippenblütler *(Lamiaceae)*
Herkunft: Mittelmeerraum
Aussehen: wächst breitbuschig, dicht verzweigt; nadelartige, graugrüne Blätter; zart blaue bis violette, seltener weiße Blüten, in Quirlen an den Triebspitzen, von März – Juni; ganze Pflanze würzig-aromatisch duftend
Standort: möglichst vollsonnig; warm, geschützt
Kultur: Samenanzucht langwierig, besser Jungpflanzen kaufen; einzeln in große Töpfe setzen, Haltung wie bei mediterranen Kübelpflanzen; Stecklingsvermehrung im August möglich
Pflegen: nur leicht feucht halten; bei Bedarf im Frühjahr nach Wachstumsbeginn düngen; hell, bei 2–8 °C überwintern, erst nach Mitte Mai nach draußen stellen; ältere Pflanzen nur selten umtopfen
Ernten: Blätter und Triebspitzen fortlaufend von Frühjahr bis Herbst; nicht zu viel abpflücken; zum Trocknen Triebe im Sommer abschneiden
Hinweis: Der Rosmarin ist auch eine zierende Kübelpflanze.

SCHMACKHAFTES

Höhe:
30–60 cm
Erntezeit:
ganzjährig

wintergrüner Halbstrauch

Salvia officinalis
Salbei

Andere Namen: Gartensalbei, Echter Salbei
Familie: Lippenblütler *(Lamiaceae)*
Herkunft: Südeuropa
Aussehen: locker buschiger Wuchs; länglich ovale, graugrüne, streng würzig duftende Blätter, bei manchen Sorten bunt gezeichnet oder rotlaubig; hell blauviolette Lippenblüten in Quirlen, die von Juni – August erscheinen
Standort: möglichst vollsonnig; warm, geschützt
Kultur: Aussaat direkt ins Gefäß ab April – Mai; später Jungpflanzen auf 30 cm vereinzeln oder 1–2 Pflanzen in größeren Topf setzen; nährstoffarmes Substrat verwenden, etwas Sand untermischen; Stecklingsvermehrung im Sommer möglich
Pflegen: wenig gießen; draußen mit Schutz oder drinnen hell und frostfrei überwintern; im Frühjahr um gut die Hälfte zurückschneiden, danach schwach dosiert düngen
Ernten: Blätter können ganzjährig geerntet werden; Triebe zum Trocknen kurz vor der Blüte schneiden
Hinweis: Buntlaubige Sorten wie 'Tricolor' haben Zierwert.

Die Pflanzen im Porträt

Höhe:
30–40 cm
Erntezeit:
Mai – Aug.

einjähriges Würzkraut

Satureja hortensis
Bohnenkraut

Familie: Lippenblütler *(Lamiaceae)*
Herkunft: Mittelmeerraum
Aussehen: wächst buschig aufrecht, mit schmalen, ledrigen Blättchen; kleine zartrosa Blüten, Juli – Oktober
Standort: sonnig, gern auch vollsonnig; warm und geschützt
Kultur: zum Vorziehen Aussaat im April (Lichtkeimer), nach Mitte Mai in Töpfe oder Balkonkasten pflanzen; oder Mitte Mai direkt in Kästen säen, auf 25 cm Abstand vereinzeln; Folgesaaten bis Anfang Juni
Pflegen: vor kühlen Frühsommertemperaturen mit Vlies oder Folie schützen; gleichmäßig leicht feucht halten, in der Wachstumszeit einmal schwach dosiert düngen
Ernten: junge Triebe den ganzen Sommer über; kurz vor und während der Blüte am aromatischsten; zum Trocknen blühende Triebe schneiden
Arten/Sorten: Auch das mehrjährige Bergbohnenkraut *(S. montana)* lässt sich in Gefäßen kultivieren und kann draußen mit etwas Schutz überwintert werden.

SCHMACKHAFTES **T**

Höhe: *20–40 cm*
Erntezeit: *April – Okt.*

immergrüner Halbstrauch

Thymus vulgaris
Thymian

Familie: Lippenblütler *(Lamiaceae)*
Herkunft: Südosteuropa
Aussehen: polsterartiger Wuchs; schmale, dunkelgrüne Blättchen; rosa bis violette Blütchen von Mai – Oktober
Standort: am besten vollsonnig; warm, geschützt
Kultur: Anzucht schwierig, besser Pflanzen kaufen; im Mai mit 20 cm Abstand einsetzen oder einzeln in Töpfe pflanzen, in nährstoffarmes, mit Sand vermischtes Substrat; bei älteren Pflanzen Stecklingsvermehrung und Teilung möglich
Pflegen: nur leicht feucht halten; Überwinterung drinnen, hell und kühl, oder mit gutem Schutz draußen; im Frühjahr zurückschneiden, danach schwach dosiert düngen
Ernten: junge Blätter und Triebspitzen von Frühjahr bis Herbst abschneiden; kurz vor der Blüte intensivstes Aroma, dann auch Schnitt zum Trocknen
Arten/Sorten: Etwas empfindlicher ist der Zitronenthymian, *T. x citriodorus*, der tatsächlich einen Zitrusgeschmack hat.
Hinweis: Zugleich hübsche Zier- und Duftpflanze

Mit Pflanzen gestalten

Fast so vielfältig wie die Pflanzen sind auch die Gestaltungsmöglichkeiten auf Balkon und Terrasse. Und da die meisten Gefäße jährlich neu bepflanzt werden, können Sie immer wieder Neues ausprobieren.

Mit Pflanzen gestalten

Gestaltung macht Laune

Der Begriff „Gestalten" weckt Assoziationen wie Kunstfertigkeit, Design oder raffiniertes Arrangement. Das alles spielt sicher auch beim Gestalten mit Pflanzen eine Rolle – aber ganz so „hoch hängen" muss man es nicht. Denn schließlich geht es ja einfach darum, dass Sie sich auf Ihrem Balkon oder Ihrer Terrasse wohl fühlen und dass Ihnen der Anblick der Bepflanzung immer wieder Freude bereitet.

Die Geschmäcker sind unterschiedlich, ebenso wie die Größen und Zuschnitte der „grünen Wohnzimmer". Deshalb gibt es kaum allgemein gültige Schnittmuster oder Regeln. Doch manche gestalterischen Kniffe und Grundprinzipien können helfen, noch mehr aus der Bepflanzung zu machen.

Pflanzenpracht auf allen Etagen

Für eine vielfältige und zugleich harmonische Gestaltung ist es hilfreich, wenn man sich zunächst die möglichen Pflanzebenen veranschaulicht:

➤ Die **mittlere Ebene**, beim Sitzen meist in Augenhöhe, wird häufig durch das Bild der Balkonkästen am Geländer geprägt. Zumindest auf dem Balkon bilden die Kästen mit Sommerblumen zugleich Basis und Rahmen der Gestaltung.

➤ Ebenfalls meist auf **Augenhöhe** entfalten Kübelpflanzen und Topfgehölze ihre Zierde; sie beanspruchen aber auch recht viel Bodenfläche. Auf dem Balkon setzt man sie besser sparsam ein, bevorzugt als besondere Blickpunkte. Auf einer großen Terrasse dagegen können sie auch in Gruppen arrangiert werden und das „Gerüst" der Gestaltung bilden.

➤ Wenn auf der **Bodenebene** genügend Platz ist, sorgen Grüppchen aus kleinen

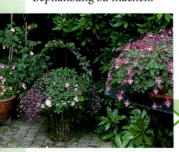

Mit Töpfen am Boden lässt sich ein blühender „Saum" gestalten.

EXTRATIPP

Pflanzenschauspiel und Umgebung
Die Pflanzen sind in der Regel die Hauptakteure, doch Kulisse (z. B. Wandanstrich, Geländer, Bodenbelag) und Requisiten (Pflanzgefäße, Mobiliar, Dekoelemente) sind für ihren Auftritt mit entscheidend. Kräftig bunte Töpfe oder Möbel etwa verlangen eine Abstimmung der Blütenfarben, gelbe und weiße Blüher wirken vor hellen Wänden eher fad, und zwischen massiven Balken können sich zierliche Pflanzen verlieren.

Töpfen und Schalen für den optischen „Unterbau". Sie können direkt auf dem Boden oder auf Blumenbänken stehen und werden vorzugsweise in den Ecken platziert.

➤ Im „**Luftraum**" können Ampeln und Hängekörbe herrliche Akzente setzen, entweder an der Decke oder mit einer langarmigen Halterung an der Wand.

➤ Bleibt schließlich noch die **Senkrechte** – entweder für attraktive Kletterpflanzen, für Wandampeln oder Töpfe und Kästen auf Blumenregalen und Etageren, die die Stell- und damit Pflanzfläche Platz sparend erweitern.

Durch gezieltes Ausnutzen dieser Pflanzebenen erhält die Gestaltung eine stimmi-

Mit Pflanzen gestalten

1 **Markante Farbtupfer**

2 **Ampeln setzen Akzente.**

3 **Mini-Topfgärtchen erlauben sehr vielfältige Kombinationen.**

4 **Zierendes Blattwerk**

Hübscher Farbdreiklang 5

ge Struktur und wirkt abwechslungsreich, selbst wenn man sich auf recht wenige Pflanzen beschränkt.

Attraktive Balkonkästen

Mit farbkräftigen Blühern bepflanzte Kästen sind oft das „Herzstück" der Gestaltung, nicht nur auf dem Balkon. Zu Kästen mit Pfiff verhelfen zum einen wirkungsvolle Farbkombinationen (→ Seite 238), zum anderen eine überlegte Anordnung der Pflanzen.

➤ Sehr attraktive Gestaltungsmöglichkeiten erlauben Kästen, die wenigstens 18–20 cm breit bzw. tief sind. Hier können Sie **zweireihig** pflanzen: Nach hinten kommen hohe Arten wie aufrechte Pelargonien oder Fuchsien, in die vordere Reihe kleinere, kompakte Arten, z. B. Leberbalsam, oder Hängepflanzen wie Männertreu. Dabei setzt man die Pflanzen der vorderen Reihe jeweils in die Mitte („auf Lücke") zwischen zwei der hinteren Pflanzen. So lassen sich die erforderlichen Pflanzabstände (→ Porträts) einhalten.

➤ Schmälere Kästen bepflanzt man nur **einreihig**. Auch hier können Sie durch eine Mischung aus aufrechten und hängenden Pflanzen für Abwechslung sorgen. Doch gerade wenn die Kästen recht kurz sind (80 cm oder weniger), wirken auch einheitliche Bepflanzungen sehr schön. Sogar mit Pflanzen derselben Art, etwa verschiedenfarbige Pelargonien, Petunien oder Mittagsblumen, lässt sich hier eine überzeugende Wirkung erzielen.

Einige Möglichkeiten und Varianten für Pflanzenkombinationen vom Frühjahr bis zum Herbst und Winter zeigen Ihnen die Beispiele ab Seite 240.

EXTRATIPP

Mini-Topfgärtchen
Statt Balkonblumen zusammen in Kästen oder Schalen zu setzen, können Sie diese auch einzeln in Töpfen zueinander gesellen. So lassen sich Arten kombinieren, die wegen unterschiedlicher Wuchsstärken oder Wasser- und Nährstoffansprüchen kaum im selben Kasten gedeihen. Das funktioniert auch am Geländer, wenn Sie die Töpfe nebeneinander in einen Kasten stellen.

Mit Pflanzen gestalten

> **Ganz in Rosa: Petunien und Elfenspiegel vereinen sich hier Ton in Ton.**

Gestalten mit Farben

Bei wohl jeder Gestaltung sind es die Farben, die Auge und Gemüt am stärksten ansprechen. Durch gezielten Einsatz der unterschiedlichen **Farbwirkungen** können Sie die Stimmung des Gesamtbilds lenken:

➤ Gelb wirkt warm, heiter und fröhlich.

➤ Rot und Orange haben Signal-Charakter und setzen lebhafte, warme Akzente.

➤ Rosa gibt sich je nach Rot-, Weiß- oder Blauanteil fröhlich, zart und leicht oder dezent vornehm bis romantisch.

➤ Blau wirkt kühl und beruhigend, teils auch nobel.

➤ Violett ähnelt dem Blau, wirkt aber je nach Rotanteil etwas wärmer.

➤ Weiß hellt auf, vermittelt zwischen Kontrasten und sorgt für optische Weite.

➤ Grün, die keinesfalls zu unterschätzende Farbe der Blätter, wirkt ausgleichend und beruhigend.

GESTALTEN MIT FARBEN

Rote, violettblaue und gelbe Blüten bilden einen herrlichen Dreiklang.

Farben effektvoll kombinieren

Es gibt vier bewährte Möglichkeiten, Blüten- oder auch Blattfarben miteinander zu arrangieren:

➤ **Farbkontraste:** spannungsreiche Kombinationen von warmen und kühlen, hellen und dunklen, ruhigen und lebhaften Farben. Kräftige Kontraste sind z. B. Orange – Blau, Gelb – Violett, Rot – Grün, Rot – Weiß, Hellgelb – kräftiges Rosa.

➤ **Farbdreiklang:** eine Zusammenstellung, bei der die drei Farben in größtmöglichem Kontrast zueinander stehen. „Klassisch" ist die Kombination Rot – Blau – Gelb. Diese drei Komponenten können jeweils durch ähnliche Farben (z. B. Rot durch Orange) oder durch Weiß ersetzt werden.

➤ **Farbverlauf:** Kombination ähnlicher Farben mit sanften Übergängen, z. B. verschiedene Gelb- und Orangetöne.

➤ **Ton-in-Ton:** Kombination von Blüten nur einer Grundfarbe in verschiedenen Tönungen, z. B. von tiefem Dunkelblau bis zu zartem Hellblau.

EXTRATIPP

Farben, Formen und Nuancen

Wenn Sie eine bestimmte Farbe stark betonen möchten, achten Sie bei der Auswahl auf genügend Arten mit großen Blüten: Sie bringen den gewählten Ton besonders plakativ zum Ausdruck. Freilich zeigen auch Pflanzen mit kleinen, aber sehr zahlreichen Blüten deutlich Farbe. Doch sie kommen stets etwas „leichter" und verspielter daher. Das gilt gerade auch für Hängepflanzen mit ihren fließenden Formen. Aufgehellte, pastellige Farbtöne wirken besonders luftig und romantisch.

Mit Pflanzen gestalten

Frühjahrsbepflanzung: Schluss mit Winter

> **Leuchtendes Gelb und Weiß bringen den Frühling zum Strahlen.**

Wenn die ersten Frühjahrsblüher ihre Blüten entfalten, lassen sich Balkon oder Terrasse noch kaum als „grünes Wohnzimmer" nutzen. Doch jedes Mal, wenn man vom Zimmer nach draußen blickt, bereitet eine Frühjahrsbepflanzung besondere Freude. Denn die zeitigen Blüher verkünden deutlich, dass die trüben, kalten Wintertage bald vorbei sind und sonnige Zeiten nahen. Und wenn man dann an milderen Tagen die Tür offen lässt, wird die Nase mit teils zarten, teils betörenden Frühjahrsdüften verwöhnt.

Pflanzen für das Frühjahrserlebnis

➤ Im Frühling haben **Zwiebel-** und **Knollenblumen** ihren großen Auftritt: mit Schneeglöckchen und Krokussen schon ab Februar, bald folgen dann die frühen Tulpen und Narzissen, schließlich die prächtigen Hyazinthen und Ranunkeln.
➤ Ebenso attraktiv und wertvoll sind die früh blühenden **Zweijährigen** wie Tausendschön, Vergissmeinnicht, Goldlack und Hornveilchen sowie Frühjahrsstauden, etwa Kissenastern und Tränendes Herz. Mit

FRÜHJAHRSBEPFLANZUNG

ihrem rosettenartigen oder buschigen Wuchs lockern sie in Kombinationen das oft etwas steife Bild der Zwiebelblumen auf.

➤ Wo genügend Platz ist, können blühende **Topfgehölze** das Frühjahrsarrangement bereichern, z. B. Winterjasmin, Zierkirschen (*Prunus*-Arten) und frühe Spiersträucher (*Spiraea*-Arten), ab April dann auch Rhododendren.

Pflanztipps

➤ Pflanzen Sie die ein- oder wenigtriebigen Zwiebel- und Knollenblumen stets in kleinen Gruppen mit mindestens 3 Exemplaren, denn einzeln wirken sie oft etwas spärlich.

➤ Im Frühjahr gekaufte, vorgetriebene Pflanzen können Sie recht eng setzen. Wenn Sie aber schon im Herbst Zwiebeln oder Knollen in die Gefäße stecken, sollten Sie unbedingt die im Porträtteil empfohlenen Mindestabstände beachten, damit sich die Pflanzen gut entwickeln können.

➤ Versehen Sie die Gefäße mit guter Dränage und gießen Sie mit besonderem Fingerspitzengefühl, da die Zwiebeln und Knollen bei Dauernässe faulen.

BEPFLANZUNGS-VORSCHLÄGE

Kasten 80 cm lang, 18–20 cm breit (wie Bild Seite 240)
➤ 1 bis 2 weiße Ranunkeln
➤ 6 gelbe Narzissen
➤ 3 rosa-weiße Tulpen
➤ 1 gelbes und 1 weißes Hornveilchen
➤ 1 bis 2 rosa oder blaue Vergissmeinnicht

Schale, 40 cm Durchmesser
➤ 15 Krokusse in gemischten Farben
➤ 9 gelbe früh blühende Narzissen
➤ 9 rote frühe Tulpen

Schale, 30 cm Durchmesser
➤ 9 weiße Tulpen
➤ 4 blaue Hyazinthen
➤ 5 gelbe Hornveilchen

Kasten 100 cm lang, 20 cm breit
➤ 12 gelbe Narzissen
➤ 2 rotlaubige Bergenien
➤ 5 blaue Hornveilchen

Sonnige Sommerpracht

Wo die Sonne fast den ganzen Tag über hinscheint, hat man tatsächlich die Qual der Wahl: Die meisten Sommerblumen lieben es sonnig, ebenso die Mehrzahl der Kübelpflanzen.
Doch auch der sonnige Platz hat seine Schattenseiten: Beliebte Schönheiten wie Fuchsien, Begonien und Fleißige Lieschen gedeihen hier weniger gut. Und selbst vielen Sonnenblühern setzt die sengende Mittagshitze ebenso zu wie dem Balkon- oder Terrassenbesitzer. Markise oder Sonnenschirm sind deshalb eine lohnenswerte Anschaffung. Nur ausgesprochenen Sonnenkindern wie Mittagsgold (Gazanie), Kapkörbchen, Mittagsblume und Portulakröschen macht die pralle Hitze kaum etwas aus. Ihre warmen Farbtöne scheinen das Sonnenlicht einzufangen. Da die Blüten jedoch an trüben Tagen meist geschlossen bleiben, sollten Sie nicht nur auf solche Sonnenspezialisten setzen.

Reizvolle Balkonkästen
Unser Bepflanzungsvorschlag baut auf Arten, die selbst in einem verregneten

Solch eine üppige Pracht entfaltet sich in großen Kästen am besten.

SONNIGE SOMMERPRACHT

Sommer nicht ganz versagen. Der ausgesprochen große Kasten wurde hier sogar für eine dreireihige Bepflanzung genutzt (siehe auch Seite 237). Unabhängig davon demonstriert er ein bewährtes Prinzip der Bepflanzung: die **Symmetrie**. Linke und rechte Kastenhälfte sind fast identisch. Und obgleich die Petunien hier sehr „starke" Partner haben, bilden sie doch die optischen Schwerpunkte. Diesen Part können sowohl großwüchsige, auffällige blühende Pflanzen als auch opulente Hängegewächse übernehmen. Bei symmetrischer Anordnung bilden solche Leitpflanzen das Zentrum oder werden jeweils links und rechts der Mitte platziert.

Wirkungsvoll kann aber auch eine **asymmetrische** Gestaltung sein, bei der der optische Schwerpunkt zur Seite verschoben wird. Einen dezenten Schritt in diese Richtung geht die nebenstehend beschriebene zweite Pflanzidee: Bei ansonsten symmetrischem Aufbau ragt am linken Kastenrand eine Kapaster empor, während rechts ein Blaues Gänseblümchen herabwallt.

BEPFLANZUNGS-VORSCHLÄGE

Kasten 120 cm lang, 22 cm breit, dreireihig bepflanzt (wie Bild Seite 242)
- 1 aufrechte rosa Petunie
- 2 hochwüchsige violettblaue Männertreu
- 2 Zweizahn
- 3 tiefrosa Hängeverbenen
- 2 zartrosa und 1 weiße Hängepetunie

Hinweis: Für eine noch farbkräftigere Variante können Sie die rosa und weißen Petunien durch rote Sorten ersetzen.

Kasten 100 cm lang, 20 cm breit, zweireihig bepflanzt
- 1 tiefblauer Elfenspiegel, für die Mitte hinten
- 2 samtrote aufrechte Pelargonien, links und rechts vom Elfenspiegel
- 1 blaue Kapaster, hinten links
- 1 Blaues Gänseblümchen, hinten rechts
- 2 gelbe Husarenknöpfchen, vorn links und rechts
- 1 Blaue Mauritius, vorn in der Mitte

Mit Pflanzen gestalten

> Löwenmäulchen und Fuchsien bringen Farbe in den Halbschatten.

Der Sommer im Halbschatten

Halbschattige Balkone und Terrassen haben durchaus ihre Vorzüge: Die Teilbeschattung macht bei hochsommerlicher Hitze den Aufenthalt draußen angenehmer, und die Pflanzen müssen nicht gar so häufig gegossen werden.

Halbschatten – die feinen Unterschiede

Vom leichten bis zum starken Schatten, von zeitweiser Beschattung morgens, mittags oder spätnachmittags – Schatten hat zahlreiche Nuancen, die sich ganz unterschiedlich auf Pflanzenwachstum und Blüte auswirken können. Letztendlich muss man einfach ausprobieren, was im eigenen „grünen Wohnzimmer" noch gedeiht. Wo selbst die recht halbschattenverträglichen Pelargonien und Petunien nicht mehr zufrieden stellend blühen, bieten sich mit Fuchsien, Begonien und Fleißigen Lieschen attraktive Alternativen. Fuchsien spielen auch in unserem Pflanzbeispiel eine wichtige Rolle, mit gelb leuchtenden Löwenmäulchen als Gegenpart, unterstützt von zarten Eisbegonien.

Schmucke Topfgehölze

Nicht nur Fuchsien & Co., sondern auch einige sehr hübsche Topfgehölze zeigen im Halbschatten ihre besondere Stärke – allen voran Rhododendren und Hortensien, die in recht kompakten Formen erhältlich sind. Noch mehr Schatten vertragen Immergrüne wie Buchs oder Skimmie. Unter den Kübelpflanzen blühen z. B. Kamelie und Enzianbaum im Halbschatten besonders schön, und selbst der Engelstrompete bekommt eine Teilbeschattung oft sehr gut.

Bei leichter Beschattung blühen Hortensien besonders schön.

BEPFLANZUNGSVORSCHLÄGE

Kasten 100 cm lang, 18–20 cm breit, zweireihig bepflanzt (wie Bild Seite 244)
- ➤ 2 rote Hängefuchsien
- ➤ 2 gelbe Löwenmäulchen
- ➤ 1 weiße und 1 rosa Eisbegonie

Kasten 80 cm lang, 18 cm breit, einreihig bepflanzt
- ➤ 1 rotviolettes Fleißiges Lieschen für die Mitte
- ➤ 2 blauviolette Karpaten-Glockenblumen, links und rechts davon
- ➤ 2 silbrigblättrige Taubnesseln *(Lamium maculatum)*, hängend, für die Kastenseiten

Topfarrangement, verschiedene Töpfe und Kübel
- ➤ 1 weiße Hortensie
- ➤ 1 rotes Fuchsien-Hochstämmchen, unterpflanzt mit weißbuntem Efeu
- ➤ 1 Lorbeerbäumchen
- ➤ 2 Funkien, eine blaublättrig, eine mit weiß gerandeten Blättern

Mit Pflanzen gestalten

Pflanzenfreuden im Schatten

Schatten ist nicht gleich Schatten, wie schon beim Halbschatten (→ Seite 245/246) angedeutet, und schon gar kein Grund zu verzagen (→ Tippkasten auf Seite 11). Und ein klein wenig können Sie dunkle Standorte sogar verbessern, indem Sie helle Anstriche, Möbel usw. bevorzugen. Das hellt nicht nur optisch auf, sondern sorgt auch für eine leichte Erhöhung der pflanzenverfügbaren Lichtmenge.

Bewährte Schattenblüher
Selbst bei stärkerer Beschattung vermag das beliebte Trio Fuchsien, Fleißige Lies-

> **BEPFLANZUNGS-VORSCHLAG**
>
> *Topfarrangement, verschiedene Gefäße*
> - 1 Aukube mit gelbgrünen Blättern
> - 1 rot blühendes Fuchsien-Hochstämmchen
> - 2 Buchsbäumchen
> - 1 Kasten mit rotblättrigen Bergenien und weiß blühenden Fleißigen Lieschen
> - mehrere Farne (z. B. Wurmfarn, *Dryopteris filix-mas*)

Knollenbegonien und Fleißige Lieschen leuchten den Schatten aus.

BEPFLANZUNGSVORSCHLÄGE

Hohe Schale, 60 cm Durchmesser (wie Bild Seite 246)
- 1 rotes und 2 pinkfarbene Fleißige Lieschen
- 2 gelbe, 1 rotorange und 1 weiße Knollenbegonie
- 3 kleine Efeu mit weißgrüner Zeichnung

Topfarrangement, verschiedene Gefäße
- 2 rote und 1 weiße Zwergastilbe mit blaugrünen Blättern
- 1 Funkie
- im Kasten: weiße Glockenblumen, weißbunter Günsel *(Ajuga reptans)*

chen und Knollenbegonien oft noch kleine Blütenwunder zu vollbringen. Sie müssen allerdings aufpassen und beim Kauf nachfragen, damit Sie nicht ausgerechnet spezielle sonnenverträgliche Sorten dieser Blumen mit nach Hause bringen. Hortensien und andere beim Halbschatten genannte Schönheiten blühen teils ebenfalls im Schatten noch recht ansprechend.

Schatten-Experten

Besondere Schattenkünstler sind manche Stauden, wobei sich vor allem Astilben, Funkien und Bergenien in Topfhaltung bewährt haben – nicht zu vergessen Farne und Efeu, die sehr gut in solche Gesellschaft passen. Einige auch sehr dekorative Blattschmuckgehölze ma-

> **Astilben und Funkien sind hübsche, zuverlässige Schattenzierden.**

chen im Schatten eine besonders gute Figur, so etwa Aukube, Lorbeerbaum, Buchs, Kirschlorbeer und Palmfarn.

Mit Pflanzen gestalten

Spätjahrsvergnügen

Herbst- und Winterbepflanzungen machen nicht nur den Abschied vom Balkon-Sommer leichter. Ihr Anblick kann einen an tristen Spätjahrstagen aufmuntern, und schließlich sind sie mit ihrem ganz eigenen Flair weit mehr als nur ein Ersatz für die sommerliche Pracht.
▶ Für die ersten **Herbstbepflanzungen** im September sollten Sie ein paar zusätzliche Kästen, Töpfe und Schalen bereithalten. Denn viele Sommerblumen blühen noch bis zu den ersten Frösten tapfer weiter. Doch im Gegensatz zu ihnen laufen die Herbstblüher jetzt erst zu voller Form auf, so etwa Herbstchrysanthemen, Kissenastern, spät gepflanzte Sommerastern, Fetthenne, Topf- und Besenheide. Dazu können Sie eine Fülle hübscher Blattpflanzen gesellen, nicht nur Altbewährtes wie Silberblatt oder Efeu. Der Fachhandel hat hier in den letzten Jahren sein Sortiment deutlich erweitert, mit rötlich, silbrig, bläulich oder bunt belaubten Gewächsen, die oft bis weit in den Winter hinein Ihre Gefäße zieren. Am besten sehen Sie sich im Herbst in den Verkaufsstellen um.

> **Herbstbepflanzungen erfreuen das Auge mit ganz eigenem Charme.**

SPÄTJAHRSVERGNÜGEN

➤ **Winterzierden:** Spätestens jetzt übernehmen die immergrünen Zwerggehölze die Regie: kleine Nadel- und Laubgehölze, die sich als junge Pflanzen auch in Balkonkästen kombinieren lassen. Gelb- und blaunadelige Koniferen bringen neue Farbe ins Spiel, ebenso Fruchtschmuck, z. B. von Skimmie oder Topfmyrte. Schneeheide, manche Formen der Besenheide, die aparte Christrose oder ein Winterjasmin im Kübel entfalten ihren Flor sogar mitten in der kalten Jahreszeit.

Winterkästen mit Immergrünen runden das Balkonjahr ab.

BEPFLANZUNGSVORSCHLÄGE

Herbst
Schale, 60 cm Durchmesser (wie Bild Seite 248)
➤ 4 kleine Fetthennen (*Sedum*-Hybriden)
➤ 1 Topfmyrte (*Gaultheria mucronata*)
➤ 2 weißbunte Taubnesseln (*Lamium maculatum*)
➤ 1 buntblättriger Günsel (*Ajuga reptans*)
➤ 1 Graskalmus (*Acorus gramineus*)

Winter
Kasten 60–80 cm lang, 18–20 cm breit (wie Bild Seite 249)
➤ 1 Zwergkiefer (z. B. *Pinus mugo* 'Mops')
➤ 2 rosa Schneeheiden
➤ 1 weißgrün gezeichneter Efeu

Kasten 80 cm lang, 18 cm breit
➤ 1 weiße, 1 rosa, 1 rote Schneeheide, Mitte
➤ 1 gelbe Fadenzypresse (*Chamaecyparis pisifera* 'Plumosa aurea') links
➤ 1 blauer Zwergwacholder (*Juniperus squamata* 'Blue Star') rechts

| Anhang

Pflanzenregister

Die **fett** gesetzten Seitenzahlen weisen auf Abbildungen hin.

A
Abutilon-Arten, -Hybriden 125, **125**
Abutilon megapotamicum 125
Abutilon pictum 125
Acorus gramineus **248**, 249
Actinidia deliciosa 205, **205**
Aeonium arboreum 126, **126**
Agapanthus-Hybriden, 127, **127**
Agave americana 128, **128**
Ageratum houstonianum 29, **29**
Ajuga reptans **248**, 249
Allium schoenoprasum 206, **206**
Amaranthus caudatus 30, **30**
Amaranthus cruentus 30
Anagallis monelli 31, **31**
Anthirrinum majus 32, **32**
Apfel 9, 215, **215**, 216, **216**
Argyranthemum frutescens 129, **129**
Aschenblume 108, **108**
Asienbirne 225, **225**
Aster-Dumosus-Hybriden 33, **33**
Asteriscus maritimus 34, **34**
Astilbe 8, 35, **35**, 72, 130, **247**
Aukube 130, **130**, 246
Azalee 191, **191**
Aztekengold 105

B
Bacopa 110, **110**
Bambus 131, **131**, 157
Bartblume 61, 139, **139**
Bartnelke 57
Basilikum 217, **217**
Becherblume 90, **90**
Begonia obliqua 'Mariebel' 36
Begonia-Semperflorens-Gruppe 36, **36**
Begonia-Tuberhybrida-Gruppe 37, **37**
Begonien 42, 77
Bellis perennis 38, **38**
Bergenia cordifolia 39
Bergenie 39, **39**, 241, 246
Besenheide 33, 46, **46**, 49, 196
Beta vulgaris ssp. *cicla* 207, **207**
Bidens ferulifolia 40, **40**
Birne 224, **224**
Blauähre 103, **103**
Blaue Mauritius 51, 52, **52**, 137, 243

Blausternchen 168
Bleiwurz 114, 187, **187**, 203
Blumenrohr 166, 197
Bohnenkraut 230, **230**
Bornholmer Margerite 91, **91**
Bougainvillea-Arten und -Hybriden 132, **132**
Bougainvillee 132, **132**, 141, 180, 183
Brachyscome iberidifolia 41, **41**
Brachyscome multifida 41
Brautmyrte 132, 135, 179, **179**, 190
Brugmansia-Arten und -Hybriden 133, **133**
Buchs **10**, 134, **134**, 246
Buntnessel 36, 109, **109**
Buxus sempervirens 'Suffruticosa' 134, **134**

C
Calamondin-Orange 143, **143**
Calceolaria integrifolia 42, **42**
Calendula officinalis 43, **43**
Calibrachoa-Hybriden 44, **44**
Callistemon citrinus 135, **135**
Callistephus chinensis 45, **45**
Calluna vulgaris 46, **46**
Camellia-Arten und -Hybriden 136, **136**
Campanula carpatica 47, **47**
Campanula cochleariifolia 47
Campanula poscharskyana 47
Campsis radicans 137, **137**
Canna-Indica-Hybriden 138, **138**
Caryopteris x *clandonensis* 139, **139**
Centradenia-Hybriden 48, **48**
Cestrum aurantiacum 140
Cestrum elegans 140, **140**
Chamaecyparis pisifera **249**, 249
Chamaecytisus 149, **149**
Chamaecytisus purpureus 149
Chamaerops humilis 141, **141**
Chilenischer Jasmin 178, **178**
Chinesennelke 57, **57**
Chrysanthemen 33, 49
Chrysanthemum x *grandiflorum* 49, **49**
Cistus creticus 142, **142**
Cistus ladanifer 142

PFLANZENREGISTER

Cistus salviifolious 142
Cistus x purpureus 142
Citrofortunella microcarpa 143, **143**
Citrus-Arten 144, **144**
Citrus limon 144
Citrus reticulata 144
Citrus sinensis 144
Clematis-Hybriden 145, **145,** 146, **146**
Cobaea scandens 50, **50**
Coleostephus multicaulis 51, **51**
Coleus-Blumei-Hybriden 109, **109**
Convolvulus sabatius 52, **52**
Convolvulus tricolor 52
Crocus-Arten 53, **53**
Cucurbita pepo 54, **54**, 208, **208**
Cuphea ignea 55, **55**
Cuphea ilavea 55
Cupressus macrocarpa 147, **147**
Cupressus sempervirens var. *sempervirens* 147
Cycas revoluta 148, **148**
Cytisus 149, **149**
Cytisus decumbens 149
Cytisus x *beanii* 149
Cytisus x *kewensis* 149

Dahlia-Hybriden 56, **56**
Dahlie 56, **56**
Dahlie, Zwerg-Mignon- 56
Delosperma pruinosum 60
Dendranthema-Hybriden 49, **49**
Dianthus barbatus 57
Dianthus caryophyllus 57
Dianthus chinensis 57, **57**
Diascia barbarea 58
Diascia elegans 58
Diascia-Hybriden 58, **58**
Diascia vigilis 58
Dicentra spectabilis 59, **59**
Dimorphoteca 91
Dorotheanthus bellidiformis 60, **60**
Dost 218, **218**
Dryopteris filix-mas 246
Duftpelargonien 94, **94**
Duftsteinrich 45, 71, 77, 82, **82**, 85, 170
Duftwicke 80, **80**, 82
Dukatenblume 34, **34**
Dyssodia tenuiloba 114, **114**

Edellieschen 76, **76**
Efeu 162, **162**, 184, 245, **246**, 247

Eisbegonie 12, 36, **36**, **244**, 245
Eisenkraut 119, **119**, 120, **120**
Elfengold 99, **99**
Elfenspiegel 6, 88, **88**, **238**, 243
Elfensporn 58, **58**
Engelstrompete 133, **133**, 150, 152, 166, 183
Ensete ventricosum 150, **150**
Enzianbaum 114, 150, 171, 177, **177**
Erdbeere 9, 210, **210**
Erica carnea 61, 62, **62**
Erica gracilis 61, **61**
Erigeron karvinskianus 63, 62
Eriobotrya japonica 151, **151**
Eruca sativa 209, **209**
Erysimum cheiri 64, **64**
Erythrina crista-galli 152, **152**
Eschscholzia californica 65, **65**
Eucalyptus-Arten 153, **153**
Eucalyptus citriodora 153
Eucalyptus ficifolia 153
Eucalyptus globulus 153
Eucalyptus gunnii 153
Eukalyptus 153, **153**, 174
Euryops chrysanthemoides 154, **154**

Fächerblume 106, **106**
Fadenzypresse **249**, 249
Fallopia aubertii 155, **155**
Fargesia murielae 131
Farne 72, 130
Feige 156, **156**, 180
Felicia amelloides 66, **66**
Fetthenne 33, 107, **107**, **248**, 249
Feuerbohne 220, **220**
Feuersalbei 42, 104, **104**
Ficus carica 156, **156**
Fingerstrauch 146
Flammenblume 98, **98**
Fleißiges Lieschen 77, **77**, 245, 246, **246**, 247
Fortunella marginata 157, **157**
Fragaria-Arten 210, **210**
Fuchsie 36, 67, **67**, 72, 77, 130, 158, **158**, 189, **244**, 245
Fuchsschwanz 30, **30**
Funkie **10**, 72, **72**, 130, **244**, 245, **247**

Gänseblümchen 36, **36**
Gänseblümchen, Australisches 41, **41**
Gänseblümchen, Blaues 41, **41**, 57, 114, 243

251

Anhang

Gänseblümchen, Gelbes 98, 114, **114**, 177, 199
Gänselblümchen, Spanisches 63, **63**
Gartennelke 57
Gauchheil 31, **31**
Gaultheria mucronata 159, **159** **248**, 249
Gaultheria procumbens 160, **160**
Gazanie **12**, 68, **68**, 91
Geißblatt 176, **176**
Geißklee 149, **149**
Genista 149, **149**
Genista lydia 149
Geranien 21, 92, **92**, 93, **93**
Gewürzrinde 152, 166, 194, **194**
Ginster 149, **149**
Glockenblume 247
Glockenblume, Hängepolster- 47
Glockenblume, Karpaten- 47, **47**, 245
Glockenblume, Zwerg- 47
Glockenheide 61, **61**
Glockenrebe 7, 50, **50**
Goldfieber 40, **40**
Goldkamille 112, **112**
Goldlack 64, **64**, 86, 121
Goldmarie 40, **40**
Goldmohn 65, **65**
Goldmünze 34, **34**
Goldtaler **12**, 30, 34, **34**
Goldzweizahn 40, **40**
Granatapfel 114
Granatapfelbaum 190, **190**
Graskalmus **248**, 249
Günsel 247, **248**, 249

Hammerstrauch 140, **140**
Hanfpalme 200, **200**
Harfenstrauch 99, **99**
Hebe x *andersonii* 161, **161**
Heddewigsnelke 57, **57**
Hedera helix 162, **162**
Heidekraut 46, **46**
Helianthus annuus 69, **69**
Helichrysum bracteatum 70, **70**
Heliotropium arborescens 71, **71**
Herbstchrysanthemen 49, **49**, 61, 99
Herbstzeitlose 161
Herzblume 59, **59**
Heterocentron 48, **48**
Hibiscus rosa-sinensis 163, **163**
Hopfen, Japanischer 73, **73**
Hornveilchen 118, 121, **121**, **240**, 241

Hortensie **10**, 165, **165**, 189, 245, **245**
Hosta-Arten 72, **72**
Humulus japonicus 73, **73**
Husarenknöpfchen 57, 70, 89, 105, **105**, 170, 199, 243
Hyacinthus orientalis 74, **74**
Hyazinthe 38, 74, **74**, 241
Hydrangea anomala ssp. *petiolaris* 164, **164**
Hydrangea macrophylla 165, **165**
Hymenostemma paludosum 75, **75**

Impatiens-Neuguinea-Gruppe 76, **76**
Impatiens walleriana 77, **77**
Indisches Blumenrohr 138, **138**
Iochroma cyaneum 166, **166**
Ipomoea lobata 78, **78**
Ipomoea purpurea 79, **79**
Ipomoea tricolor 79, **79**

Jasminum-Arten 167, **167**
Jasminum mesnyi 167
Jasminum nudiflorum 168, **168**
Jasminum polyanthum 167
Johannisbeere, Rote 227, **227**
Juniperus 169, **169**
Juniperus chinensis 169
Juniperus communis 169
Juniperus procumbens 169
Juniperus squamata 169
Juniperus squamata 'Blue Star' **249**, 249

Kaisernelke 57, **57**
Kalifornische Zypresse 147, **147**
Kalifornischer Mohn 65, **65**
Kamelie 136, **136**
Kanarische Kresse 116, **116**
Kapaster **12**, 32, 66, **66**, 68, 91, 243
Kapkörbchen 60, 68, 91, **91**, 100, 119
Kapmargerite 91, **91**
Kapuzinerkresse 115, **115**
Kaskadenblume 48, **48**
Kerzenstrauch 194
Kirschlorbeer 189, **189**
Kissenaster 33, **33**, 45, 49, 61
Kissenginster 149
Kiwi 9, 205, **205**
Kletterhortensie 164, **164**
Knollenbegonie 37, **37**, **246**, 247
Köcherblümchen 55, **55**

PFLANZENREGISTER

Korallenstrauch 152, **152**
Kreppmyrte 170, **170**
Kresse 212, **212**
Krokus 53, **53**, 168
Kumquat 144, 157, **157**

Lactuca sativa var. crispa 211, **211**
Lagerstroemia indica 170, **170**
Lamium maculatum 248, 249
Lampranthus-Arten 60
Lantana camara 171, **171**
Lathyrus odoratus 80, **80**
Laurus nobilis 172, **172**
Laurustinus 201
Lavendel 154, 173, **173**, 193
Lebensbaum 198, **198**
Leberbalsam 29, **29**, 42, 77
Lepidium sativum 212, **212**
Leptospermum scoparium 174, **174**
Levkoje 83, **83**
Lilien 83, 175, **175**
Lilium-Hybriden 175, **175**
Lobelia erinus 81, **81**
Lobelie 81, **81**
Lobularia maritima 82, **82**
Lonicera-Arten 176, **176**
Lonicera caprifolium 176
Lonicera henryi 176
Lonicera periclymenum 176
Lonicera x *brownie* 176
Lonicera x *heckrottii* 176
Lonicera x *tellmanniana* 176
Lorbeerbaum 172, **172**, 245
Löwenmäulchen 32, **32**, **244**, 245
Lycianthes rantonnetii 177, **177**
Lycopersicon esculentum 213, **213**, 214, **214**

Malus domestica 215, **215**, 216, **216**
Mandevilla laxa 178, **178**
Mangold 207, **207**
Männertreu 32, 42, 51, **45**, 57, 70, 77, 81, **81**, 85, 88, 89, 170, **242**, 243
Margerite 32, 45, 103, 112, **112**
Margerite, Gelbe Strauch- 154, **154**
Maßliebchen 36, **36**
Matthiola incana 83, **83**
Mehlsalbei 103, **103**
Melampodium paludosum 84, **84**
Mini-Petunie 44, **44**
Mini-Stiefmütterchen 121, **121**
Mirabilis jalapa 85, **85**

Mittagsblume 6, 60, **60**, 68, 91, 100
Mittagsgold 68, **68**, 100
Mittelmeerschneeball 201, **201**
Mittelmeerzypresse 147
Mottenkönig 99, **99**
Mutterkraut 112, **112**
Myosotis sylvatica 86, **86**
Myrtus communis 179, **179**

Narcissus-Arten 87, **87**
Narcissus bulbocodium 87
Narcissus pseudonarcissus 87
Narzisse **6**, 8, 38, 86, 87, **87**, 101, 118, 121, 122, **240**, 241
Nashi 225, **225**
Nektarine 223, **223**
Nelken 42, 51
Nemesia-Hybriden 88, **88**
Nerium oleander 180, **180**
Neuseeländer Flachs 184, **184**
Nicotiana x *sanderae* 89, **89**
Nierembergia hippomanica 32, 90, **90**

Ocimum basilicum 217, **217**
Olea europaea 181, **181**
Oleander **11**, 141, 179, 180, **180**, 190
Olivenbaum 181, **181**
Oregano 218, **218**
Osteospermum-Hybriden 91, **91**
Osterglocken 87

Palmen 152, 166, 197
Palmfarn 148, **148**
Palmlilie 152, 203, **203**
Pantoffelblume 31, 42, **42**, 98, 104
Paradiesvogelblume 197, **197**
Passiflora caerulea 182, **182**,
Passiflora edulis 182
Passionsblume 182, **182**
Pelargonien 12, 42, 51, 71, 84, 89, 94, **94**, 99, 119, 120, 243
Pelargonien, aufrechte 31, 93, **93**
Pelargonien, Hänge- 40, 92, **92**
Pelargonium crispum 'Minor' 94
Pelargonium fragrans 'Old Spice' 94
Pelargonium x *graveolens* 94
Pelargonium x *odoratissimum* 94
Pelargonium-Peltatum-Hybriden 92, **92**
Pelargonium-Zonale-Hybriden 93, **93**

Anhang

Petersilie 219, **219**
Petroselinum crispum var. *crispum* 219, **219**
Petunia-Hybriden 95, **95**, 96, **96**, 97, **97**
Petunien 6, 19, 36, 42, 84, 89, **238**, **242**, 243
Petunie, Hänge- 12, 40, 44, **242**, 243
Petunien, aufrechte 95, **95**
Petunien, hängend, großblumig 97, **97**
Petunien, hängend, kleinblumig 96, **96**
Pfirsich 223, **223**
Pflaume 222, **222**
Pflücksalat 211, **211**
Phaseolus coccineus 220, **220**
Phlox drummondii 98, **98**
Phoenix canariensis 183, **183**
Phoenixpalme 183, **183**
Phormium tenax 184, **184**
Phyllostachys 131
Picea abies 185
Picea-Arten 185, **185**
Picea glauca 185
Picea omorika 185
Picea pungens 185
Pinus-Arten 186, **186**
Pinus densiflora 186
Pinus mugo 186
Pinus nigra 186
Pinus pumila 186
Plectranthus coleoides 99, **99**
Plectranthus orsteri 99, **99**
Pleioblastus auricoma 131
Plumbago auriculata 187, **187**
Podranea ricasoliana 188, **188**
Portulaca grandiflora 100, **100**
Portulakröschen 60, 100, **100**
Prachtspiere 35, **35**
Primel 74, 86, 101, **101**
Prinzessinnenblume 199, **199**
Prunkwinde 79, **79**
Prunus avium 221, **221**
Prunus domestica 222, **222**
Prunus laurocerasus 189, **189**
Prunus persica 223, **223**
Punica granatum 190, **190**
Pyrus communis 224, **224**
Pyrus pyrifolia var. *culta* 225, **225**

Quamoclit lobata 78, **78**

Radieschen 9, 212, 226, **226**
Ranunculus asiaticus 102, **102**

Ranunkel 102, **102**, **240**, 241
Raphanus sativus var. *sativus* 226, **226**
Rhododendron 191, **191**, 196
Ribes rubrum 227, **227**,
Ringelblume 43, **43**, 83, 103
Rosen 114, 154, 192, **192**, 193, **193**
Roseneibisch 146, 157, 163, **163**
Rosetten-Dickblatt 126, **126**
Rosmarin 179, 228, **228**
Rosmarinus officinalis 228, **228**
Rukola 209, **209**

Salatrauke 209, **209**
Salbei 36, 45, 229, **229**
Salvia farinacea 103, **103**
Salvia officinalis 229, **229**
Salvia splendens 104, **104**
Salvie 103, **103**
Sammetblume 111, **111**
Sanvitalia procumbens 105, **105**
Sanvitalia speciosa 105
Satureja hortensis 230, **230**
Säulenapfel 216, **216**
Scaevola saligna 106, **106**
Scheinbeere 160, **160**
Schlafmützchen 65, **65**
Schlingknöterich 155, **155**
Schmucklilie 127, **127**
Schneeflockenblume 88, 110, **110**
Schneeglöckchen 168
Schneeheide 61, 62, **62**, 249, 249
Schnittlauch 206, **206**
Schnittsalat 211, **211**
Schönmalve 125, **125**
Schwarzäugige Susanne 113, **113**
Sedum-Arten 107, **107**, **248**, 249
Sedum spectabile 107
Sedum telephium 'Herbstfreude' 107
Senecio cineraria 108, **108**
Senna corymbosa 194, **194**
Senna didymobotrya 194
Sesbania punicea 195, **195**
Sesbania tripetii 195, **195**
Silberblatt 108, **108**, 119
Silbergreiskraut 108, **108**
Skimmia japonica 196, **196**
Skimmie 196, **196**, 249
Solanum jasminoides 177
Solenostemon scutellarioides 109, **109**
Sommeraster 45, **45**
Sommerheide 61, **61**

PFLANZENREGISTER

Sommernelke 57, **57**
Sonnenblitzerli 60
Sonnenblume 69, **69**
Sonnenwende 71, **71**
Sternjasmin 82
Sterntalerblume 84, **84**
Sternwinde 78, **78**
Stiefmütterchen 74, 86, 101, 122, **122**
Strandstern 34, **34**
Strauchmargerite 95, 129, **129**, 132, 193
Strauchmargerite, Gelbe 154, **154**
Strauchveronika 61, 161, **161**
Strelitzia reginae 197, **197**
Strohblume 70, **70**
Studentenblume 12, 29, 55, 71, 89, 95, 103, 104, 111, **111**, 119
Südseemyrte 174, **174**
Süßkirsche 221, **221**
Sutera diffusus 110, **110**

*T*agetes tenuifolia-Sorten 111
Tagetes-Hybriden u. -Arten 111, **111**
Taglilien 83
Tanacetum parthenium 112, **112**
Taubnessel 245, **248**, 249
Tausendschön 7, 38, **38**, 59, 74, 86
Thuja 198, **198**
Thuja occidentalis 198
Thunbergia alata 113, **113**
Thymian 231, **231**
Thymophylla tenuiloba 114, **114**
Thymus vulgaris 231, **231**
Tibouchina urvilleana 199, **199**
Tomate 8, 84, 212, 213, **213**, 214, **214**
Topfheide 61, **61**, 161
Topfmyrte 159, **159**, **248**, 249
Trachycarpus fortunei 200, **200**
Tränendes Herz 59, **59**
Traubenhyazinthe 38, 122
Trichterwinde 79, **79**
Trompetenblume 137, **137**
Trompetenwein 150, 188, **188**
Tropaeolum majus 115, **115**
Tropaeolum peregrinum 116, **116**
Tulipa clusiana 117
Tulpe 8, 59, 86, 117, **117**, 118, **118**, 121, 122, **240**, 241

*V*anilleblume 36, 42, 51, 68, 71, **71**, 82, 84, 104
Veilchenstrauch 166, **166**

Verbenen 36, 84, 119, 120
Verbene, Hänge- 40, 44, 70, 77, 120, **120**, 170, 177, **242**, 243
Verbenen, aufrechte 119, **119**
Vergissmeinnicht 7, 59, 74, 86, **86**, 101, 102, 118, **240**, 241
Viburnum tinus 201, **201**
Viola x *wittrockiana* 122, **122**
Viola-Cornuta-Hybriden 121, **121**

*W*aldrebe 145, **145**, 146, **146**
Wandelröschen 171, **171**, 203
Washingtonia filifera 202
Washingtonia robusta 202
Washingtonia-Arten 202, **202**
Weihrauchstrauch 99, **99**
Wildnarzisse 87
Winteraster 49, **49**
Winterheide 62, **62**
Winterjasmin 168, **168**
Wollmispel 151, **151**
Wunderblume 85, **85**
Wurmfarn 246

*Y*ucca aloifolia 203, **203**
Yucca elephantipes 203

*Z*auberglöckchen 12, 44, **44**, 120
Zierbanane 150, **150**
Zierkürbis 54, **54**
Ziertabak 82, 89, **89**, 95
Zigarettenblümchen 55, **55**
Zinnia angustifolia, Z. elegans 123, **123**
Zistrose 142, **142**, 183
Zitrusbäumchen 144, **144**, 179, 190
Zucchini 9, 208, **208**
Zweizahn 12, 30, 40, **40**, 44, 97, 114, 120, **242**, 243
Zwergastilbe 247
Zwergfichte 185, **185**
Zwergkiefer 186, **186**, 249
Zwerglevkoje 83
Zwergmargerite 55, 71, 75, 104
Zwergmargerite, Gelbe 51, **51**
Zwergmargerite, Weiße 75, **75**
Zwergpalme 141, **141**
Zwergsonnenblume 105, **105**
Zwergwacholder 169, **169**, 249, **249**
Zylinderputzer 135, **135**, 174

Adressen, Bildnachweis, Impressum

Kübelpflanzenversand (Auswahl)

Flora Mediterranea
Königsgütler 5
84072 Au/Hallertau
www.floramediterranea.de

flora toskana
Schillerstr. 25
89278 Nersingen
www.flora-toskana.de
(auch Samen, Zubehör)

Kübelgarten
Eichenweg 21
48499 Salzbergen
www.kuebelgarten.de

Südflora Baumschule
Peter Klock
Stutsmoor 42
22607 Hamburg
(auch Kübelobst)

Topfgarten Reinhold Bußmeier
Lüringweg 6
59302 Oelde
www.topfgarten.de

Umschlagvorderseite: Kapkörbchen, **Umschlagrückseite:** Gazanien (o.), Schmucklilie (mi.), Petunien (u.).

Die Fotografen
Alle Fotos von **Schneider/Will** mit Ausnahme von:
Bock: 14; **Bornemann:** 236 mi.; **Borstell:** 74, 168; **Caspersen:** 247 o.; **Fischer:** 15, 227; **Floramedia:** 19, 51, 66, 221, 230; **Florapress:** 192; **GU:** 23; **GU / Jahreiß / Wunderlich:** U2 mi., 13, 16, 17, 124; **Kientzler:** 34, 96; **Nickig:** 35, 54, 105, 108, 112, 117, 127, 155, 160, 175, 180, 215; **Pforr:** 65, 97, 115, 212; **PicturePress / Borkowski:** 236 u. re.; **PicturePress / Kramp +Gölling / Flora:** 3 u., 28; **PicturePress / Szczepaniak / Flora:** 3 o., 4, 240; **Redeleit:** 114, 218; **Reinhard:** U1, 48, 67, 78, 85, 101, 110, 130, 146, 174, 189, 196, 242; **Skogstad:** 21 re.; **Strauß:** 2 o., 20 li., 22, 24, 40, 77, 92, 107, 120, 143, 147, 151, 152, 157, 193, 214, 216, 223, 232, 235, 236 o. re., 245, 233.

© 2005 Gräfe und Unzer Verlag GmbH, München. Alle Rechte vorbehalten. Nachdruck, auch auszugsweise, sowie Verbreitung durch Film, Funk, Fernsehen und Internet, durch fotomechanische Wiedergabe, Tonträger und Datenverarbeitungssysteme jeder Art nur mit schriftlicher Genehmigung des Verlages.

Ein Unternehmen der
GANSKE VERLAGSGRUPPE

Leitende Redaktion: Anita Zellner
Redaktion: Judith Starck
Bildredaktion: Renate Wiener
Lektorat: Eva Tauber
Umschlaggestaltung und Layout:
Cordula Schaaf
Reproduktion: Penta, München
Druck: Appl, Wemding
Bindung: Druckerei Auer, Donauwörth
Printed in Germany
ISBN 3–7742–6773–1

Auflage: 3.   2.   1.
Jahr: 07 06 05